1 ウィーンの子ども時代

マリー・アントワネットは、
16人兄弟姉妹の最後から２番目の子どもとして誕生［画面中央ゆりかごの中］。
王宮の簡素で家庭的な雰囲気の中で成長した。
マルタン・ファン・マイテンス、1755年
「フランツ１世、マリア＝テレジアと子どもたち」
ヴェルサイユ宮殿美術館

2 **公のヴェルサイユ**

公式のアパルトマンに、王妃は人々を
迎え入れ、宮廷の慣習に従った。
ジャン＝バティスト＝アンドレ・ゴーティエ・ダゴティ
「ヴェルサイユの寝室でハープを演奏するマリー・アントワネット」
ヴェルサイユ宮殿美術館

3 プライベートのヴェルサイユ

内側のキャビネという避難所で、マリー・アントワネットは
多少なりともプライベートな時間をもつことができた。
これは、彼女のとりまきに、特権的な会話の機会をあたえることにもなった。
ハインリヒ・ロッソウ
「マリー・アントワネット」個人蔵

4 プティ・トリアノン

王妃はロマンティックな自然に囲まれて女城主として花開き、
そこで魔法にかけられたような日々を過ごす。
クロード=ルイ・シャトレ「ロッシェとベルヴェデーレ」
ヴェルサイユ宮殿美術館

5 王妃のアモー

マリー・アントワネットは、当時流行の審美感にならって、田舎家風離宮の建設を依頼し、自然に関心を向けた。この環境は、子どもたちとともに過ごすのに最適だった。

（上）ジョン・ヒル「帝政時代における王妃のアモーのブードワール」
ヴェルサイユ宮殿美術館

（右）アドルフ・ウルリヒ・ヴェルトミュラー「立ち姿のフランス王妃の肖像」
マダム・ロワイヤルことマリー＝テレーズ、ルイ・ド・フランスこと最初の王太子ルイ＝ジョゼフ＝グザヴィエ＝フランソワとトリアノンの庭を散歩するマリー・アントワネット
ストックホルム、スウェーデン国立美術館所蔵

6 庭園のマリー・アントワネット

王妃は宮殿の庭を非常に愛し、あらゆる季節に
徒歩で、馬で、橇（そり）で散策した。
ユベール・ロベール「ヴェルサイユのタピ・ヴェール（王の散歩道）の入り口」
ヴェルサイユ宮殿美術館

*12*の場所からたどる
マリー・アントワネット◆目次＊上

12の場所からたどるマリー・アントワネット・下◆目次

まえがき——幸福の場所、不幸の場所

バルザックが書いている。「人生の重大な状況において、わたしたちの魂は、喜びや悲しみがわたしたちに降りかかった場所に強く結びついているものだ」。出会った人々の顔、色彩や香り、聞こえていた声や音楽の証人として、わたしたちが生きた場所はわたしたちに属している。それらはわたしたちの住まいであり、魂の彷徨の避難所ともなる。そこに思い出が積み重なり、喜怒哀楽の感情はそこにつながっている。自分を取り戻すことができる場所やここでずっと生きていきたいと思う場所もあれば、逃げ出したいとか、記憶から消し去りたいと思う場所もある。あるものは心地よく、シャトーブリアンが語った「幸福の島」のように甘いメランコリーの光の戯れを見せるのだが、不毛で苦い、しばしば悲惨で、さらには冒涜された、光の消えた追放の地もある。すべては両面の鏡で、自我のもっとも深い部分を生み出すと同時にそれを映し出す。地理はわたしたちの内面の風景も形成するのだ。

多面的な人物であり、波乱の生涯で知られるマリー・アントワネットも、彼女が人生を過ごしたさまざまな場所——幸福だった場所、不幸だった場所あるいは同時にその両方だった場所、ウィーン、ヴェルサイユ宮殿とその庭園、トリアノンとアモー（村里）、フォンテーヌブロー、テュイルリー宮、タンプル塔、そして最後にはコンシエルジュリー——の影響を受けないではいなかった。

多くの歴史書あるいは歴史小説、大量の論文、およそ一〇本もある映画、演劇などの舞台芸術、漫画がこの名高いフランスの王妃にささげられた。それぞれ、彼女の人生や人物像、趣味、交友関係、読書、公的あるいは私的な書簡を探求しているが、彼女が見つめた風景、暮らした場所、通った道を介して理解しようと試みているものはない。

歴史家や文化遺産の学芸員など、すぐれたスペシャリストたちによる共著となった本書の選んだアプローチはこのようなものである。したがって王妃の何冊目かになる評伝を書こうというのでも、彼女の人物像の中に、親や祖先から受け継いだ気質によるものだとか、人生の経験によるものだとかを見分けようというのでもなく、彼女と、運命が彼女をつれて行ったいくつかの場所との間に作用した神秘的な関係を示そうと思う。「人の気質や気分、なにに夢中になるか、どんなものを好むか、どんな風に感じるか」はその人がいる場所しだいなのだ、とラ・ブリュイエール〔一六四五～九六〕が彼の時代にすでに言っている。

第1章　ウィーンの子ども時代

すべてはウィーンで始まった。子ども時代の神聖な場所は決して忘れられることはない。ジャン＝ポール・ブレドが書いているように、宮廷の雰囲気は荘厳な儀式を除いて、飾り気がなく、家庭的で、ほとんどブルジョワ的だった。そこでの教育はきびしさを欠いたものだった。幼いマリア・アントニアにおける自由への野生的な愛着は、おそらくここからきていて、将来も彼女からなくなることはない。

勉強はほとんど気にかけず、シェーンブルンの庭で兄弟姉妹たち、少なくとも同世代の兄弟姉妹たち（オーストリア大公マリア＝テレジア［皇后、ハンガリー女王、ボヘミア女王でもある］と神聖ローマ帝国皇帝フランツ・フォン・ロートリンゲンの一六人の子どもの一五番目だったので）とはしゃぎまわるのが好きだった。本物の友だちもいて、一緒に笑ったり、遊んだりしたのだが、なかでもシャルロッテ・フォン・ヘッセン＝ダルムシュタットとその妹のルイーゼとは、のちになっても手紙のやり取りが続き、彼女たちの肖像画の入ったロケットをタンプル塔でも大事に持っていた。「これは、わたしがウィーンで一緒に育った方たちなのです」と、コンシエルジュリで一時的に取り上げられようとしたときに言うことになる。親しい人々へ変わらぬ友情を尽くす傾向の根が、ウィーンでの子ども時代にあるのはまちがいない。

音楽、歌、作曲、さらには演劇愛好のルーツもきっとここにあるのだろう。九歳のとき、兄弟のマクシミリアンやフェルディナントと一緒に、バレー・パントマイム［一八世紀後半に発案された、歌や台詞のない舞踏劇］「愛の勝利」を踊る絵が残っている。

第2章　ヴェルサイユ――王妃のアパルトマン

一四歳半のとき、マリー・アントワネットは突然フランス宮廷の堅苦しい世界に投げ込まれた。当時彼女は、類まれな魅力を持った、華奢で可愛らしい少女、花開いたばかりの、快活だけれど怠惰で衝動的な娘だった。一七七四年のルイ一五世崩御の後、「ヨーロッパでもっとも美しい国の王妃になりました」と母に向かって誇りに胸を膨らませながら告げたにしろ――誇り高いことは彼女の性格の特徴の一つでもあったが――その代わりにいくつもの失望も味わっていた。内気で秘密主義で不器用な夫の性格のせいでもあったが、とくに王室の仕組みが首枷となった。ヴェルサイユにおける、広間を連ねた公式のアパルトマンでの暮らしは、イヴ・カルリエが語ってくれるように、素晴らしかったが、宮廷の容赦ない決まりごとの枠で息がつまるものでもあっただろう。彼女の母親から彼女を厳しく監視することを命じられていたオーストリア大使メルシー＝アルジャントーが、王妃の自由への、規則からの解放への、自由奔放への抑えきれない欲求を「注意散漫」と形容したのはよく理解できるが、これが王太子妃だった頃、彼女から「マダム・エティケット」とあだ名をつけられた女官長のノアイユ伯爵夫人をなによりも絶望させたものだ。

第3章　ヴェルサイユ――内側の小部屋《キャビネ》、必死に求めたプライバシー

彼女のプライベートの小アパルトマンの迷宮へは、エレーヌ・ドラレクスについていこう。舞台装置の裏側というより、別世界を構成していたこの魅了的で雑然と入り組んだ場所で、マリー・アントワネットは自分に戻り、自分であることを十分に感じることができた。この閉じた空間は、彼女の心に語りかけた。それは隠れ家だった。彼女の芸術的センスがそこで発揮された。彼女はその内装を、稀有なセンスで、彼女の建築家である献身的なリシャール・ミックの協力を得て、「めまぐるしいスピードで」思いつき、変更し、壊し、修正し、置き換えた。扉、通路、仕切り、壁、装飾、家具、すべてに独創的な空想力の証である彼女の刻印がある。彼女は美しいもの、洗練されたものを愛した。メリディエンヌの部屋、二つの図書室、金色の間《キャビネ・ドレ》やマダム・ソフィー［ルイ一五世の娘］の死去で彼女のものとなったプティ・アパルトマンがその証拠だ。彼女の魂の風景を映しているこのきらめく不思議な王国に入らずに、彼女の私生活の追求を理解するのは不可能である。

第4章　プティ・トリアノン

ルイ一六世が宝石で飾った鍵を気前よく渡してくれたプティ・トリアノンは、彼女にとって、もう一つの避難場所となった。この場所を語るにジェレミー・ブノワ以上の適任者はいない。ジャック・アンジュ・ガブリエルによるこの別荘に、彼女は優雅な内装をあたえた。気品と洗練と新しさに満ちた「麦穂の家具《モビリエ・オ・エピ》」に感嘆せずにいられるだろうか？彼女が女城主の気質を遺憾なく発揮したのはおそらくこの場所だった。自然の近くで、軽薄さで織りなされた魔法のような日々を過ごしたのだ。王や王の二番目の弟アルトワ伯や王族たちはここで定期的に夜食をとった。王妃はモード商ローズ・ベルタンをそこへ呼び寄せ、ベルタンは彼女のために実に斬新な服を作り、つけ毛と羽でピラミッドにした突飛な髪型を考案した。音楽の催しには、おしゃべりを楽しむ心の友ランバル公妃とヨランド・ド・ポリニャックに加えて、「王妃のお仲間」と呼ばれるエレガントで軽薄なヴォードルイユ、ブザンヴァル、ギーヌ、ノアイユ、コンフラン、エステルハージー、あるいはコワニー父子、それからもちろんハンサムなスウェーデンの伯爵、アクセル・フォン・フェルセンといった世論に多くの憎悪を引き起こしたとりまきを招き入れた。

彼女はプティ・トリアノンの裏手にあったオランジュリー［秋冬に鉢植えのオレンジの木を収容する温室］の跡地に、サテンと、ガブリエルが建てたヴェルサイユ宮殿の王室オペラ劇場を思わせる空色のモワレを張った、華奢で優美な小さな劇場を建てさせた［一七七六年には仮の施設があったが、一七七八～九に現在も残る劇場が建てられた］。板紙とだまし絵を使った舞台装置、ろうそくの照明のなかで、アルトワ伯や友人たちとともに、寸劇（ピエセット）と流行りの小オペラ（アリエッタ）が混じった田園ものを演じた。「ここでは王妃ではなく、わたしです！」とアントワネットは喜びに輝いた。その言葉がすべてを言いつくしている。

第5章　王妃のアモー（村里）

トリアノンと小劇場の先に足をのばすとアモーがある。ここでも彼女は自由な想像に身をまかせた。この魔法にかかったような場所を知らない人がいるだろうか？　鯉やカワカマスのいる池の周りに、リシャール・ミックが牧歌的な趣向の小さな傑作を築いた。ヨシで葺かれた田舎家、納屋、鶏小屋、鳩小屋、二カ所の酪農場、ダンスホール、マルボロックの塔と呼ばれる釣り場の塔、水車、二階から木製の廊下でビリヤードの家と繋がった王妃の家。まさに舞台装置のようなこの場所を、細部にわたって、ジャン・デ・カールが案内してくれる。この瀟洒なアルカディア［古代ギリシアの一地方で、牧人の理想郷］を、ふんわりとした部屋着を着、軽い麦わら帽子やひらひらとしたリボンで飾った帽子をかぶって、彼女は友人たちとともにしばしば訪れた。よく語られているような、リボンをつけた羊の毛を刈ったり、金色の羊飼いの杖を振り回したりは、実際にはなかったが、そこで彼女は田園の楽しみを味わうことができた。これ以上の気晴らしはなかった。

第6章　庭園のマリー・アントワネット

アレクサンドル・マラルはわたしたちを庭園内の散歩に連れて行ってくれる。この特別愛した場所を、王妃は徒歩で、馬で、真冬にはソリで訪れることさえあった。夏は、夜の涼しい風をうっとりと吸いながら、南の花壇のテラスをそぞろ歩くのを好み、ついには彼女の要望で、礼拝堂の音楽家たちがはやりの甘いセレナーデを演奏しにくるようになったので、喜んだ聴衆が集まった。

庭園の植え替えを利用して、エキゾティックな樹種が入っている有名な「王妃のボスケ」の設置に取り組んだ。だがもっと個人的なタッチをくわえたのはトリアノンのほうで、欠くことのできないリシャール・ミックを励まして、イギリス＝中国式《アングロ・シノワ》庭園を作らせ、「田園的」な性格を盛り上げたが、そこに建設されたジュー・ド・バーグ［輪遊び場］、愛の神殿、見晴台《ベルヴェデーレ》、洞窟《グロット》などは、彼女の趣味によくあうものだった。一七八九年一〇月五日、カンパン夫人を信じるなら、一人でグロットのなかで休んでいた王妃が、女たちのヴェルサイユ行進の知らせに夢想から引き離されるまで、そこは贅沢なパーティーが行われるほんとうの幸福の場所だった。

第7章　フォンテーヌブロー離宮——逗留のための宮殿

マリー・アントワネットはもちろん、マルリ、ショワジー、コンピエーニュ、ランブイエ、サン＝クルー、フォンテーヌブローと、王のどの移動にもついていった。本書のかぎられた枠内では、フォンテーヌブローしか取り上げなかったが、それは彼女が宮廷をともなった一一回の滞在で、一四カ月以上を過ごしているからである。パトリック・ダグネが教えてくれるこのフォンテーヌブロー滞在は、ヴェルサイユ宮殿滞在とは少し違うが、やはり魅力的なものである。そこへは秋に、王の楽しみである狩猟をするために行く。王妃は通常は覆いつきの豪華な四輪馬車で、特別の場合は馬に引かせた川船で行った。ショワジーで乗船してセーヌ川をムランまで遡るのだ。フォンテーヌブローでは、手つかずの自然がより近く、エティケットの存在は少し遠のいた。ここにもヴェルサイユでと同様の部屋の配置が見られるが、偶然によるのではない。公式のアパルトマンに加えて、よりプライベートな部屋部屋があって、そのなかでも王妃用のブードワール［婦人用のしゃれた私室］はミックが作っている。マリー・アントワネットは長い時間、馬で森を楽しく散策し、夜遅くまでゲームに夢中になった。グレトリの音楽に出会ったのも、懐かしい音楽の先生である作曲家グルックに再会したのも、ここだった。まちがいなく幸福の場所の一つだった。

第8章　ヴァレンヌのベルリン馬車

わたしたちが扱うことにしたこのエピソードは、たいへん短く、六日の間に起ったことである。だが、王妃に否定し難い心理的影響をあたえた。王と家族をブイエ侯爵の軍の保護下のモンメディに移すという計画に、彼女は全力をそそいでいたからだ。最初の日である一七九一年六月二一日、王一家が乗った狭くて揺れるベルリン型馬車は、暖かい内輪だけの、全員にとって幸福の場所だった。ヴァレンヌ＝アン＝アルゴンヌでの、冒険旅行の終わりが悲劇の始まりとなる。帰途の地獄の四日間は、立憲君主制が結局は成功しないことを予告していた。

第9章　テュイルリー宮とパリ

時とともに、マリー・アントワネットは賢明になった。注意力散漫な王太子妃、気まぐれな王妃のあとに来たのは、責任を自覚した、子を持つ母親、夫の支えとなる伴侶である。一七八七年からは、身分社会［革命以前の聖職者、貴族、平民で構成される社会］の動揺、大貴族や高等法院の反抗といった状況下、カロンヌの改革案の失敗の後、すっかり意気消沈した王のかたわらで、彼女も政治にいっそうかかわることになる。一七八九年一〇月五日から六日にかけて、悲劇的な転換点が訪れ、ヴェルサイユ宮殿が襲撃されて、不運な王妃はあやういところで死をまぬがれた。王一家は、パリ市民・民衆と国民衛兵の厳重な監視のもと、強制されてテュイルリー宮に住むことになり、夢想は破られ、世界は崩壊した。彼女を揺さぶった激しい感情から徐々に立ち直ると、王妃は荒れ果てて陰気な宮殿の改修を気にかけるようになる。セシル・ベルリが語るように、形ばかりの宮廷が取り戻されたように見えた。だが、今にも彼女のベッドまでもおしよせようとしている革命という荒々しい奔流を、どうやって受け入れることができるだろうか？　たちまちのうちに、緊張がふたたび高まり、テュイルリー宮殿は、とくにヴァレンヌ逃亡事件ののち、徐々に金箔がはがれ、牢獄の様相が明らかになっていく。

第10章　最後から二番目の場所——タンプル塔のマリー・アントワネット

一七九二年八月一〇日の襲撃で、ルイ一六世とマリー・アントワネットそして子どもたちと王妹マダム・エリザベートは、蜂起した一団に襲われてテュイルリー宮殿を出た。一時調馬場《サル・ド・アネージュ》（議会）に避難した後、革命コミューンの命令によってタンプルの古い塔に閉じ込められた。王政が廃止され、共和国が国民公会によって宣言された。

シャルル＝エロワ・ヴィアルは、王妃が過した最後から二番目の場所を案内する。そこでの彼女の状況は、悪くなる一方だった。癒えない傷、苦悩の荒波、絶望の日々だった。友のランバル公妃が無残な死を迎え、狂ったような群衆がその頭部を槍に刺して、彼女に見せようとした。そして、一七九三年一月二一日に夫王の死、七月三日には息子との離別が続く。

第11章　コンシエルジュリ

タンプル塔での苦しみの日々の後に、コンシエルジュリにおけるさらに苦しい日々が待っていた。このギロチン台の控えの間をアントワーヌ・ブーランが語る。この不気味な牢獄では何もかも取り上げられた。病気にもなり、陰気な独房に閉じ込められ、ついたて一つで区切られた部屋で、つねに二人の下士官に監視されながら暮らした。もつことが許されたのはわずかな着替えの下着だけだった。散歩することも書くことも針仕事も禁止された。涙と祈りだけが残った。この暗闇の中で心に差した、ただ一筋の精神的な光は、宣誓を拒否した司祭から受けたといわれている聖体拝領だ。すべての歴史家の意見が一致しているところだが、革命裁判所での彼女の裁判は公正を欠いた卑劣なものだった。牢獄を出て刑場へ向かう少し前、ペンとインクと紙を手に入れ、義妹に感動的な手紙を残したが、そこには苦しみと許しを通して魂の高貴さが表れている。処刑されたとき、三八歳の誕生日を迎えようとしていた。がんを患い、厳しく顔を引きつらせ、白髪となった彼女は、もう彼女自身の影でしかなかった。

第12章　最後の住居

本書のしめくくりとして、エレーヌ・ベケとともに殉教者となった王妃を記念する二つの場所へ行こう。まずオスマン通りの贖罪礼拝堂で、そこはルイ一六世とマリー・アントワネットの遺骸が、革命広場での死刑執行の後埋められていたマドレーヌ墓地があった場所だ。王政復古でフランスに帰ったルイ一八世［ルイ一六世の弟プロヴァンス伯］は、彼らに敬意を表するため、遺骸の捜索を試みる。遺骸は石灰に包まれて発見された。のちにシャトーブリアン［一七六八〜一八四八、政治家、作家］が『墓の彼方の回想』に書く。「遺骨の中央にあった王妃の顔に、ヴェルサイユでわたしに向けてくださったのと同じ微笑みを見た」

最後のサン＝ドニ大聖堂はフランスの歴代の王や王妃が埋葬されている場所だが、そこへ、一八一六年一月二七日、アンシャンレジーム［革命以前の王政をいう］のしきたりにならって棺が移された。その後改修がおこなわれ、マリー・アントワネットは今、夫の隣で白い簡素な敷石の下に眠っている。

＊

ここでわたしたちが、はずかしめを受けた顔と、人々に多くの幻想をいだかせた顔という、王妃の二つの異なる顔を展開することはない。前者は、彼女を嘲弄し、ののしり、誹謗中傷で悩ませた卑猥な諷刺文書や誹謗文書によって醜くデフォルメされている。それによって王妃が、これ以上ないほど苦しんでいたことはよく知られている。

後者はある種の神話に端を発していて、それは大好評を博したシュテファン・ツヴァイクによる伝記（一九三二年）から、素晴らしい背景のなかで撮影されたが、マカロンを食べまくり私生活の権利を要求する、気まぐれで慎みのない若い娘という単純化したイメージを提供しているソフィア・コッポラの映画（二〇〇六年）にいたるまで広い。

毎年、何百万人もの観光客が、この作り出されたイメージにとりつかれて、微笑ましくて感動的な彼らのアイドルの痕跡を見つけようとヴェルサイユにやってくる。彼らはかならずと言っていいほど、ヴェルサイユ公施設長だったピエール・アリゾリ＝クレモンタルが語ったこの「マリー・アントワネットへの熱狂」——商業的にはかわいいアクセサリー、カップの受け皿、ティーポット、小さな像、人形、漫画、ビデオゲーム、チョコレートの箱のようなさまざまな雑貨に姿を変えている——に身をゆだねている。

ルイ一六世の妻は比喩的な意味だけでなく、人々の想像力にとりついているようだ。宮殿で夜を過ごしたことのある人々は、いかにも幽霊が出そうな時間に、不穏な影を見たり、四輪馬車の音を聞いたりしたという。ヴェルサイユやトリアノンの庭園を散策していた人からの、日傘を手にし、パニエというペチコートでスカートを膨らませたドレス姿の不思議な女性が現れたとか、遠くで一八世紀風の調べが聞こえたとかいった証言もある。もっとも好奇心をそそる話のなかでも、よく知られているのは二人のイギリス女性の証言で、このアニー・モーバリーと エレノア・ジュールダンというオックスフォード大学のセント・ヒューズ・カレッジの教師で、寮長だった二人は、一九一〇年に出版された著書『アン・アドヴェンチャー（ある思いがけない体験）』の中で、突然パラレルワールドに送り込まれたと言っている。一九〇一年の八月一〇日、かつてフランス王政にとってもっとも悲劇的な事件［一七九二年テュイルリー襲撃］が起こったのと同じ日、暑くて雷雨が来そうな空模様だった。午後五時ごろ、友人二人はヴェルサイユの宮殿を見学した後、トリアノンの庭園を散策していた。突然、日陰になった小道の曲がり角で、疲労と息苦しさにとらえられた。他の観光客は姿を消していた。風景が変化して、「平板になり、精彩を失った」。ひと気のない空き地で、「緑灰色の服に小さな三角帽《トリコルヌ》［一八世紀に流行した帽子で、平たいつばの三方がめくれ上がっている］をかぶった」二人の男性を見かけるが、彼らは彼女たちにまっすぐ進むよううながした。古い建物、それから中国風のあずまやのそばを通る。顔に痘痕《あばた》のあるマント姿の男が彼女たちをしげしげと見た。さらに先にいた、ケープ姿の、エレガントで赤ら顔の別の人物が、右へまがるよう言う。「この先で、家を探しなさい」。ほどなく、アニー・モーバリーは雨戸が閉まった小さな家のそばで、緑色のフィシュ［三角形のスカーフ」と白い帽子の、美しい金髪の女性が、スケッチをしているのに気づいた「その人はわたしたちを見ました。それから彼女の左側の遠くないところを通ると、振り向いてわたしたちをまっすぐに見つめました」。ミス・ジュールダンのほうはこの出現を目撃していないが、非常に強く何者かの存在を感じた。ついにプティ・トリアノンに着いたとき、二人は現在の世界に戻った。ショック状態で、すぐにはそれぞれの印象を話し合うこともなかった。イギリスのオックスフォードへ戻ってからこの不思議な体験を話しはじめ、それぞれがこの午後のことを書いたのだが、それは全体として一致していた。二人はそれまでほとんど知らなかったトリアノンとヴェルサイユの歴史を、古い記録を調べ、昔の図面を参照し、現地へ二度三度と足を運んで、時間をかけて研究しはじめた。

スウェーデン人の画家ヴェルトミュラー（ヴァットムッレル）によるマリー・アントワネットと最初の二人の子どもたちの肖像画を見て、ミス・モーバリーはあのスケッチをしていた女性だとわかった。二人はまた、緑色の制服に黒い三角帽の男性二人が王妃のスイス衛兵隊に属していたことを突き止めた。彼らがベルシーという兄弟で、何度もきしむ音が聞こえた扉を守っていたこともわかった。この扉も古い図面に見つけたが、それは一七七三年に改装されて礼拝堂の扉となる前の厨房の扉だった。彼女たちは、エゼック伯爵の『回想録』のなかで言及されている小さな橋も通っている。言い伝えによれば、王妃の幽霊は人生の重要な出来事があった日、とくに八月一〇日に現れるのだということもわかった。中国風のあずまやについて、二人は愛の神殿だと思ったのだが、研究者たちはそうではなくて、造園家リシャールの設計図にあるあずまやではないだろうかと言っている。

わたしとしては、この尊敬すべき女性たちの超常体験をどう考えればいいのかわからない。ただおそらく、迷える魂たちが、彼らの不幸の場所に出没することに喜びを見いだすのと反対に、王妃の魂は幸福だった場所に現れるほうを選んだということはいえるかもしれない。

ヴェルサイユ宮殿美術館・国有地公団とカトリーヌ・ペガール会長に、エディシオン・ペランとブノワ・イヴェール社長に感謝申し上げる。また編集にかかわったジャン＝ヴァンサン・バカール、ジャサント・アミ、エロディ・ルヴァシェ、マルグリット・ド・マルシャック、デルフィーヌ・ヴォイチェフとシルヴィー・モンジェルモン各氏には本書の制作ため、その才能と専門知識を惜しみなく提供していただいた。

ジャン＝クリスティアン・プティフィス

第*1*章　ウィーンの子ども時代

ジャン＝ポール・ブレド

マリア＝テレジアの末娘マリー・アントワネットは、その最初の一四年をウィーンの宮廷で過ごした。帝国の宮殿ホーフブルクとシェーンブルンとに住んだ。母親の注意深い眼差しのもと、未来の君主となる運命に適合した教育プログラムを受けた。なぜなら、姉たちと同様、自由な身ではなく、第一の使命として、オーストリアの国益に奉仕することがあったからだ。一七五六年の同盟の転換［イギリスと組んでフランス、プロイセンに対立していたオーストリアがフランスと組んでイギリス、プロイセンと対立するようになる］以来マリア＝テレジアは、ブルボン家との同盟関係を結婚によって強化するという目標を決めていた。すでに、スペイン、ナポリ、そしてパルマとの婚姻関係はできていた。マリー・アントワネットには、この外交システムなかでも主要なピースが運命づけられていた。彼女はフランス王太子と結婚することになるのだ。兄のフェルディナントを代理花婿とした代理結婚の儀式［ウィーン側での結婚の祝典］の後、一七六九年四月二一日ウィーンを発ち、「花嫁引き渡し」の儀式に向かうが、それはストラスブールからフランスへ入国する前にライン川の中洲であるエピ島でおこなわれることになっていた。

幼年期

皇女マリア・アントニアは、マリー・アントワネットとしてのほうがよく知られているが、ボヘミアとハンガリーの女王、ハプスブルク家君主国の君主、子だくさんのマリア＝テレジア（一七一七年～一七八〇年）の末娘である。健康に恵まれたマリア＝テレジアは、ロートリンゲン公フランツ＝シュテファン（一七〇八年～六五年）と結婚し、良心になんら恥じるところなく、幸福に、親の役割をはたすが、一七四〇年に即位してからは、国政の指揮の任務も並行しておこなうようになる。マリア・アントニアの前に一四人の子どもを産んだが、そのうち一〇人は女の子で、マリア＝エリーザベト（一七三七年）、マリア＝アンナ（一七三八年）、マリア＝カロリーナ（一七四〇年）、マリア＝クリスティーナ（一七四二年）、マリア＝エリーザベト（一七四三年）、マリア＝アマーリア（一七四六年）、マリア＝カロリーナ（一七四八年）、ヨハンナ＝ガブリエーラ（一七五〇年）、マリア＝ヨーゼファ（一七五一年）、マリーア＝カロリーナ（一七五二年）そして四人の男の子、ヨーゼフ（一七四一年）、カール＝ヨーゼフ（一七四五年）、レオポルト（一七四七年）、フェルディナント（一七五六年）、これに一七五六年マキシミリアン＝フランツがくわわる。ヨハンナ＝ガブリエーラを除いてどの娘も、マリアで始まる名前をもっていることに気づくだろう。非常に敬虔なオーストリアにおけるカトリック聖母マリア信仰の影響の表れの一つである。三人の子どもが、生まれた時に、あるいは幼くして亡くなっているため、同じ名前がもう一度つけられているが、彼らのうち一三人はこの危険を乗り越えた。そのことはマリア＝テレジアの未来の婿［四女マリア＝クリスティーナの夫となる］、ザクセンのアルベルト公が初めてウィーンを訪れた時の印象を説明する。「名高い両親の後に続く子どもの長い列ほど心の和む光景はめったにない」

マリア＝テレジアとフランツ＝シュテファンの末娘は、一七五五年一一月二日に誕生する。翌日アウグスティーナ教会で、ウィーンの大司教であるミガッジ枢機卿によって、マリア・アントニア・アンナ・ヨーゼファ・ヨハンナの名で洗礼を受ける。洗礼式では名づけ親のナポリ王夫妻の代理を、乳児の姉マリア＝アンナと兄ヨーゼフがつとめた。それから慣習にしたがって、子どもは養育係にゆだねられるが、その任にあたったのはユーディト・フォン・ブランダイス伯爵夫人だった。彼女には全権限が認められていたが、ただ一つの例外は健康の問題で、それについてはマリア＝テレジアにただちに報告しなければならない。彼女は「不愉快な知らせでわたしが不安になることをおそれる必要はありません。わたしは常日頃から、どんな出来事にも覚悟ができています。あらゆる年齢の、またあらゆる状況の人々に起こることですから」と命じていた。皇女の加減が悪いとき、伯爵夫人は決して自分の考えで行動せず、医師の指示に任せなければならない。なかでも最も頼りにされていたのはゲラルド・フォン・スウィーテンで、彼が王一家の健康に留意した。夫人は食事のバランスに気をつけなければならず、甘いものをたくさん食べさせるなどもってのほかだった。夜は野菜のポタージュと卵、軽いデザートだけですませなければならない。この任務につく前、伯爵夫人はその他の非常に明確な指示も受けていた。ゆだねられた幼い皇女を甘やかさないこと、一人で服を着せない、手をつながない、こわがらないように気をつける、厚着をさせすぎないよう注意する、きちんとした言葉で話しかける、面白がらせようと変な顔をしてみせてはいけない。

王宮

皇帝家族の他のメンバーと同様、幼い皇女もいくつかの王宮に住んだ。ウィーンでは、ハプスブルク家が一三世紀から住居をかまえていたホーフブルク［皇宮の意味］宮殿である。宮廷の増大と中央行政の発展の結果、元々の中世の城砦は著しく拡大されたため、今日、ルネサンスとバロックの様式がまざりあう、統一を欠いた要素の広大な集まりのような印象をあたえている。家族は、レオポルト一世（一六四〇年〜一七〇五年）の治世に建設されたレオポルト翼に住んだ。

この翼棟のアパルトマンは比較的居心地が悪いことで知られている。部屋の換気が悪く、それにくわえて光もほとんどささない。だが、オスマン帝国の脅威があまりに長く続いたことにより、当時は町を囲む城壁の外に王宮を建てることなど、考えられなかった。一五二九年の第一次包囲を受けたウィーンは、半世紀以上、新たな攻撃のおそれのなかにあったのだ。一六八三年の第二次包囲をからくも失敗させたことを契機に、強力なオスマン帝国を押し戻せないという強迫観念に一区切りがつく［カルロヴィッツ条約］。そこで町を城壁の外に拡大することが可能となり、ウィーンの外に皇宮を建設することも考えられるようになった。

マリア＝テレジアは、即位後まもなくその計画を思いつく。実は、彼女はゼロから出発したわけではない。レオポルト一世、ついでヨーゼフ一世（在位一七〇五年～一一年）がオーストリア人のバロック建築の巨匠、フィッシャー・フォン・エルラッハにヴェルサイユをモデルしたシェーンブルン宮殿の建築を依頼している。しかしヨーゼフ一世が早世したことで中断し、カール六世（在位一七一一～四〇年、マリア・テレジアの父）は放棄していた。マリア＝テレジアにとって、これは眠っている建物を生き返らせることだけではなかった。シェーンブルンをホーフブルクと同等の王宮にするつもりだった。この決断は、一七四三年に下される。治世が始まってたった三年だった。その後工事の指揮はニコラウス・パカッシーに任せられ、彼は一七四七年に皇后の「宮廷建築家」に任命される。工事は迅速に進められ、早くも一七四九年、マリア＝テレジアとフランツ＝シュテファンはシェーンブルンにアパルトマンを手に入れることができた。兄弟姉妹と同様、マリー・アントワネットも両親について、彼女の子ども時代の背景となったこの王宮に暮らすことになる。一〇月から春の半ばまでホーフブルクに滞在した後、春と夏の快適な季節をシェーンブルンで過ごすのだった。

家族の暮らし

幼い皇子や皇女たちは、早々と宮廷の暮らしを教え込まれる。「子どもたちをごく早い時期から宮廷の暮らしに慣れさせなければいけません」とマリア＝テレジアが説明している。マリー・アントワネットももちろんこの規則からのがれられない。非常に早くから、記念日や守護聖人の祝日などの折に催される祝賀行事への参加が義務づけられた。また皇宮で行われるリサイタルにも出席した。マリー・アントワネットとモーツァルトの素敵な出会いがあったのは、そんな折だった。彼女は七歳で彼は六歳。床で滑って転んだモーツァルトをマリー・アントワネットが助け起こすと、彼は少しも気おくれすることなく、彼女にキスして、結婚を申し込んだのだ！　大公［皇子］も皇女も等しく両親の前に姿を見せなければならない。オランダ出身の画家マルティン・ファン・マイテンスの工房による一枚の絵が、名高い瞬間を後世に伝えている。一七六四年一月、長男ヨーゼフの二回目の結婚の際に、当時一〇歳、九歳、八歳だったフェルディナント、マリー・アントワネットそしてマキシミリアンがバレエ「愛《アモール》の勝利」を踊っているところだ。ミルティーユ、フローラ、キューピッドの役で、彼らは実に可愛らしく、まちがいなく観客、なかでも、第一に両親の喝采を受けたことだろう。

家族の暮らしの別の場面は、子どもたちが暖かくくつろいだ雰囲気の中で両親と接している。ここで思い浮かべているのは、皇女マリア＝クリスティーナの筆になるグワッシュだが、そこには、びっくりするような、ヴェルサイユでは考えられないような、皇帝の宮殿の中というよりブルジョワ家庭を思わせる光景が描かれている。一七六三年の聖ニコラ［サンタクロース］の日に、年少の子どもたちにプレゼントが配られているのだが、エティケット［宮廷での礼儀作法］の束縛は放棄されている。マリア＝クリスティーナがお姉さんの役割で、鞭打ちおじさんの鞭でフェルディナントをおどすふりをする一方で、マリー・アントワネットはプレゼントされた人形を見つけたところだし、マキシミリアンは愛くるしいいたずらっ子の表情で、床に座ってお菓子パンデピスを味わっている。飾り気のない服に身を包んだマリア＝テレジアはにこやかで、その手前で、部屋着にスリッパ姿でキャップをかぶったフランツ＝シュテファンが、燃えさかる暖炉の前の肘掛椅子に座って、その光景を見ている。

教育

とはいえ、子どもたちの日課は教育のための時間でしめられていた。マリア＝テレジアはそれを注意深く見守った。いやそれ以上だった。子どもたち一人一人のために詳細な指示書を作り、養育係がそれを忠実に守るよう義務づけた。指示は個別化されたものであるとともに、どの子にも共通した一般的な原則も重ねて述べられた。その筆頭は、彼らの教育において宗教が最重要だということだ。「宗教的基礎がなければ、人は何者でもありません」とマリア＝テレジアは念を押す。「どんな徳も長続きしません」。非常に幼い時から、皇室の子どもたちは、男の子と女の子の区別なく、キリスト教にふさわしい生活にそなえるための義務に従う。つまり毎日朝と晩に祈りを唱えること、日曜日は二回のミサに出席すること、月に一度、罪を告白し、聖体拝領をすること。

勉強の開始は七歳と決まっていた。めざすことが違うので、皇女たちの教育は兄弟たちのものほど重くなかった。ここで優先されるのは、妻と母親という二重の役割を果たすための準備をすることだった。だが、この役割が政治的な側面も帯びていることを知らないものはいない。皇女たちが受ける教育は、したがってこの現実を考慮に入れなければならないが、だからといってただちにそれを組み入れることはできない、というのも、非常に早くから他の宮廷との間で結婚をめざした交渉が始まるのはまれでないが、一般に長い裏工作の果てにやっと達成されるものだからである。そこで、この新しい持ち札に、祖国を離れることになる皇女の教育を合わせなければならない時がくる。彼女が王妃になろうとしている国に親しむための特別な講義が用意され、必要な場合は、その国の言語についての素養をレベルアップさせるための特別な努力が試みられる。これはまさにマリー・アントワネットの学習カリキュラムがたどることになる過程だった。

姉たちの前例にならって、彼女のカリキュラムも兄弟のものに比べるとかなり軽かった。教育は宗教の講義から始まって、読み書き、音楽、ピアノが続く。それからドイツ語、フランス語、多少の地理学とダンスだった。これらの教科に、後日歴史、ラテン語、イタリア語、デッサンがくわわる。このリストから、皇帝夫妻の趣味と一致する芸術科目に向けられた特別の関心がうかがえる。マリア＝テレジア自身、非常にダンスを愛好し、歌の才能に恵まれていた。フランツ＝シュテファンのほうは、ロレーヌの芸術家サークルをウィーンによびよせ、彼らはこの地の芸術活動に影響をあたえた。このような環境の中で、何人かの教師が集められたが、なかでもガブリエーレ・バイヤー＝ベルトランは一七六四年に雇われ、皇女マリア＝カロリーナとマリー・アントワネットに絵を教えた。二人の皇女のサインがある何枚ものパステル画やグワッシュに見るように、この教育は身を結んだ。これらの絵は、今もシェーンブルン宮殿の私的な住居部分の上張りをした壁を飾っている。

しかしながら、フランス王家との結婚の計画の最初の具体的な兆候が一七六五年ごろ見えはじめると、明白な事実に屈しなければならなかった。マリー・アントワネットが受けた教育が、じつに欠落だらけだということだ。その責任は、自分の世話に任せられた子どもを熱愛していて、まさにそのため、彼女に対して断固としていなかった養育係のブランダイス伯爵夫人にもあった。生き生きとした元気な幼い皇女は理解が速かったが、不注意で生まれつきのいたずらっ子で、教えられる内容にほとんど興味を示さなかった。その代わり、二人の幼い兄弟フェルディナントとマキシミリアンとの遊びのことで頭がいっぱいだった。三歳しか違わない姉のマリア＝カロリーナとも、愛のこもった共感で結ばれていた。他の兄弟姉妹とは、年歳の差が大きすぎて仲間のような親しみは起こらなかった。

そこで挽回することが是非とも必要だった。まず養育係が替えられる。マリア＝テレジアはレールヒェンフェルト伯爵夫人を選び、夫人は要求されたとおり、よりきびしいところをみせる。それと並行して、ヴェルサイユの宮廷での代理人フロリモン・ド・メルシー＝アルジャントー伯爵が、マリー・アントワネットにフランス語とフランス文学を教える家庭教師を探すよう命じられた。最終的にこの任務を引き受けたのは、オルレアンの司教の推薦により、トゥールーズ大司教区——当時フランス司教位の船首像の一人、ロメニー・ド・ブリエンヌが掌握していた——副司教で、四国学院［コレージュ・デ・キャトル・ナシオン、ウエストファリア条約、ピレネー条約を記念してマザランが創設、新たにフランスの支配下に入った四地方の学生を集めた。現在はフランス学士院］の司書マテュー・ジャック・

ド・ヴェルモン神父だ。

この選択は幸運だった。先生と生徒の間の相性が素晴らしく良いことがすぐにわかる。やんちゃでそそっかしい子どもの注意をひきつけるのは、簡単なことではないと予測されたが、ヴェルモン神父は完全にそれに成功する。マリー・アントワネットを将来祖国となる国に親しませるとともに、指導に心をくだいたので、彼女のフランス語は目にみえて進歩した。しかし、ヴェルモン神父がその計画を成就させるのにあたえられたのは、たったの数カ月だった。職務に就いたのは一七六八年一一月、マリー・アントワネットは翌年四月にフランスへ出発する。今までの年月の遅れを完全にとりもどすには、あまりに短い期間だった。

マリア＝テレジアの婚姻政策

マリア＝テレジアは長い年月をとおしてずっと、政治的に役立ちそうな婚姻関係を利用して、ヨーロッパに一枚の布を織り上げる。他の王家に比べて「同じ巣の雛鳥」の多さが、切り札であり、彼女は遠慮なくそれを利用した。たとえば、一七五六年にそれまで対立関係にあったルイ一五世のフランスと締結した外交転換による外交システムを強化するため、なんらかの婚姻を成立させようと努力していた。七年戦争［一七五六年～六三年、プロイセン王国とオーストリアの対立を軸に広がった戦争で、それより前のオーストリア継承戦争ではプロイセン側だったフランスは、外交転換によりオーストリアについた］の間は緊張下にあったが、フランスとの関係は維持されて、平和がもどり、マリア＝テレジアは続けてその関係を外交政策の基礎においていた。となると、それをもっともよく根づかせる最良の方法は、オーストリアをブルボン王家［フランスの他、スペイン、ナポリ・シチリア、パルマ］、なかでも当然肝心なフランスと結びつけることではないだろうか？

この目的にこたえる兄や姉のいくつもの結婚がマリー・アントワネットの結婚に先立って行われた。のちにヨーゼフ二世となる長兄ヨーゼフ大公の、ルイ一五世の孫娘イザベラ・デ・パルマとの結婚が、一七六〇年にこのリストを開始する。次はその弟、トスカナ大公レオポルトの番で、一七六五年八月、インスブルックで、スペインの王女マリーア・ルイーサ（マリア・ルドヴィカ）と結婚し、一六人の子をもうけることになる。ヨーゼフ二世の一人娘だけは非常に幼くして死んだが、このような子だくさんが、ハプスブルク＝ロートリンゲン家の存続を確実にした。三年後、マリア＝テレジアはマリーア＝カロリーナを、スペイン・ブルボン家出身のナポリ王フェルディナンド四世と結婚させ、一七六四年六月にはマリア＝アマーリアをブルボン＝パルマ家のフェルディナンドに嫁がせる。

フランス王太子とマリー・アントワネットの間に成立した婚姻は、この婚姻政策の最後を飾るものだった。一七六五年一二月、フランス王太子［ルイ十五世の息子ルイ・フェルディナン、父王に先立って三六歳で病死。ベリー公はその三男だが、兄二人は死亡］死去の後、王位後継者となったのは、その息子であるベリー公、未来のルイ一六世だ。ウィーンの宮廷との同盟を強化するため、ハプスブルク家の皇女との結婚に好意的なルイ一五世は、シュターレンベルク伯爵が首相カウニッツに報告しているように、マリア＝テレジアの娘たちの中から王太子と結婚する人物を選ぶことにした。「どの皇女も美しい、と王は仰せられました。みな結婚の準備ができているし、しつけもいきとどいている、わが国への花嫁もそうであろう［…］もっとも若い皇女マリー・アントワネットがもっともふさわしいだろう。そのようなわけで陛下はこの方を望まれました」。実際、彼女が愛らしいということではだれもが同意した。ヴェルモン神父が全体の意見をまとめている。「もっと美しい女性はいるだろうが、これ以上感じのいい顔立ちを見つけられるとは思わない」。老練な目なら、おそらくいくつかの欠点に気づくだろう。広くて出っ張った額、歯ならびの悪さ、軽い鷲鼻。だが、これらの欠点が、絹のような金髪、深みのある青い目、きれいな楕円形の顔に比べれば、なんだというのだろう？　これにくわえて、真珠のような光沢のある白い肌の色と、ウィーンに派遣されたパステル画家デュクルー［フランス人画家、派遣されて、王太子のために未来の結婚相手の肖像画を描いた］にとらえられた物腰にみえる愛らしい気品。結局、信仰篤きフランス国王陛下のウィーン宮廷大使デュルフォール侯爵の、ややつつしみのない言いまわしのように「上物」だった。王太子のほうは、たしかにそれほど魅力的ではなかった。メルシー＝アルジャントー伯爵が首相カウニッツへの書簡の中で、まさしく酷なポートレートを作成している。「自然は王太子殿下に何もかも拒否したように思われます。この王子は、態度にも発言にも、きわめてかぎられた思慮しか感じられませんし、ぶかっこうで感受性はゼロです」。これは外見から決められたことだ。極端な内気に悩まされていたベリー公はぎこちなかったが、そのモジモジした態度の背後には大いなる教養が隠れていた。未来の妻と違って、しっかりとした教育を受けていたため、その時代もっとも教養あるプリンスの一人となるだろう。これを別とすれば、彼が自分に用意された運命について有頂天になるようなところはあまりなかった。その上、女性についてはほ何も知らない。オーストリアとの同盟にとってあまり好都合でない環境で育てられ、彼のもっとも近い家族は、父親と母親——ザクセンの公女——と国王の娘たちだった。

意向から実行に推移するまで、四年待たねばならなかった。未来の夫の年齢がこれを十分説明できるだろう。ヴェルサイユの宮廷における反対勢力の影響もこれにくわわった。急いているようにみられたくないルイ一五世は、マリア＝テレジアがこの計画を公式にするようううながすと、返答を回避した。デュルフォール侯爵にはこの方向での指示が出されていた。「マリア＝テレジアをほんとうの不確実の中に放っておくこと」と「当時の外務大臣」ショワズールが彼に書いている。「けれど断念させないように」。大使はそれを厳密に実行した。シュターレンベルク大公とデュルフォール侯爵のやり取りはこの点を明らかにしてくれる。前者が愛想よく近づいて「王太子は魅力的な女性を手に入れるようだ」というと、後者はすぐに答える「上物はしかるべき人の手にゆだねられるだろう」。だがこうつけくわえる「もしそうならですが」。こうしたやりとりは、一七七〇年二月七日にマリー・アントワネットが初潮を迎えた日まで続いた。知らせはすぐにルイ一五世に伝えられ、王はこれを喜んだ。

このかくれんぼはもう終わった。まやかしでしかなかった証拠に、すでに一七六九年六月デュルフォール侯爵がその君主の名で、一連の質問をカウニッツにしている。「結婚の契約、公表、正式な結婚の申し込み、花嫁の引率、『引き渡し』の場所と形式、彼が果たすことになる全職務における王の特命大使にかんして守るべき儀礼」。ことはすばやく運んだ。四月一五日、フランス王の通常の駐在大使であるデュルフォール侯爵はウィーンを発ち、今度は特命大使として、あたかも今フランスから到着したばかりのようにして一時間後に戻る。壮大な見物だった。行列は四八台の豪華な四輪馬車がどれも六頭の馬に引かれ、それに豪華な旅行用の馬車が二台ついて、マリー・アントワネットをフランスへつれていくことになる。デュルフォール侯爵の士官たちは四輪馬車に乗り、小姓、制服の従僕、召使たちは馬車の周囲にひしめいた。青や黄色や銀色の豪華な布地の服を着込んだ総計一一二七人だった。この光景を見ようと駆けつけたウィーン人たちは驚嘆した。

翌日、いよいよ晴れの日がやってきた。特命大使は、マリア＝テレジアと、父親の崩御によって一七六五年にハプスブルク君主国の共同統治者にもなっていた皇帝ヨーゼフ二世の公開の引見を許された。エティケットで要求される三回のお辞儀をしたのち、結婚申し込みの表明をする。その演説が終わると、たった今フランスから到着したばかりだと想定されている騎兵が入ってくる。婚約者に宛てた王太子の手紙と肖像画をたずさえている。マリア＝テレジアは隣室に控えていた娘を呼ばせる。マリー・アントワネットは、母后の許しをえて、しとやかに未来の夫の肖像画を胸に引き寄せる。

その翌日、マリー・アントワネットは最初の政治的行為をおこなう。オーストリアの継承権の放棄である。夜は、ヨーゼフ二世によって、一五〇〇人を招待してベルヴェデーレ宮殿で催された大晩餐会に出席する。この宮殿は一八世紀初め、バロック建築家のルーカス・フォン・ヒルデブラントによってプリンツ・オイゲンのために建てられたものだ［プリンツ・オイゲンはオーストリアに仕えた軍人・政治家、のちにマリア・テレジアがこの宮殿を購入］。食事の後には舞踏会が続き、三五〇〇本のろうそくで照らされた広間に、約六千人もの仮面と白いドミノマントをつけた人々が押し寄せた。翌日の夜は、デュルフォール侯爵が八五〇人の招待客を、この機会のために借りたリヒテンシュタインの夏の離宮に迎える番だった。彼は出費をおしまなかった。宮殿の庭園には絵画が設置され、人々は王太子に美の女神と結婚するよう命じている結婚の神ヒュメーン、そしてドナウ川とセーヌ川が愛情を込めて合流する絵を鑑賞した。

そのまた翌日の四月一九日、代理による結婚が夕方六時に、アウグスティーナ教会で執り行われたが、そこは三〇年前マリア＝テレジアがフランツ＝シュテファンと結ばれた場所であり、マリア＝ルイーザ［オーストリア帝フランツ一世旧神聖ローマ皇帝フランツ二世の長女、フランス語ではマリー＝ルイーズ］もここで一八一〇年、カール大公［フランツ一世の弟］の代理によりナポレオンと結婚することになる。ここでは、フェルディナント大公が王太子に代わって、祭壇の前に妹とならんでひざまずいた。二人はかわるがわる、司式する教皇大使ヴィスコンティ猊下に答える。夫婦の同意の表明の後、指輪が祝別される。儀式はテ・デウム［神よ、あなたを讃えます、と歌うカトリックの聖歌］で終わり、祝砲が式典をいっそう荘厳なものとした。

マリア＝テレジアの教え

いよいよ四月二一日と決められた出発の前日となった。マリア＝テレジアは手紙を書くことに没頭したが、とりわけルイ一五世に宛てたものが重要だった。そのなかで切に懇願している。「父として、その娘の導き手、保護者であってください。まだ幼いため、優しさと寛大さが大いに必要となることもしばしばでしょう」「わたしたちの国家と家の間に存在するもっとも愛すべき保証として、あの娘をよろしくお願いします」

姉たちが新しい国へ出発する前にそうだったように、マリー・アントワネットも母の非常に明確な指示書を持たされた。「毎月読むように」と申し渡されている。当然、マリア＝テレジアはそこで宗教の義務を守ることを強調している。あきらかにマリア＝テレジアは娘がフランスで吸う危険がある哲学的な空気のことを心配しないではいない。それゆえ彼女に警告している。「楽しみや知識がつまった書物がひっきりなしに売られていますが、その中には、もっともな見かけの下に信仰や品行の点で有毒なものがあります」。そのため、どの本を読むかは聴罪司祭にまかせるように。一瞬たりとも、政治的な指示はあたえていない。例外は、まだその運命がはっきりしていないイエズス会については意見を表明しないよう、厳命したことである。「賛成にしろ、反対にしろ、どんな議論にも加担してはいけません」。聖父［教皇］の決定にまかせるというウイーンの立場と調和する要望であるとともに、この著名な修道会の廃止に向けての、フランスの断固とした関与を考慮に入れた用心だった。つまり、マリー・アントワネットは王国の問題に介入してはならない、ということだった。

出発

マリー・アントワネットはウィーンでの最後の夜を母とともに過ごした。マリア＝テレジアは娘を数日間自分のそばにおいたのだ。互いに、おそらく二度と会うことができないだろうと知っていた。マリア＝テレジアは、娘と一緒に過ごしたいと願った。なにもまして別れの辛さを和らげてやろうと思ったのだろう。

ことは素早く進んだ。出発は代理結婚の挙式のたった二日後と決まった。感情はそのきわみに達して、いかに性格が強いマリア＝テレジアも、こらえることができなくなる。「わたしは涙でぐしょぐしょです」と告白することになるだろう。マリー・アントワネットのほうも、別れの瞬間、泣きくずれた。

うら若い皇女の随員は、角笛を吹きならす三人の御者付きの馬車五七台にのぼった。マリー・アントワネットは、ルイ一五世から未来の義理の孫娘に贈られた、豪華に仕立てられたベルリン型馬車二台のうちの一台に乗った。一台目は四季の模様の深紅のビロードが張られていた。二台目は青のビロードで、パネルには四元素が描かれていた。随員は一三二名、女官、侍女、髪結い師、書記官、縫い子、外科医、小姓、補給係、司祭、薬剤師、従僕、料理人、それに貴族警備隊のエスコートもくわわった。日に四、五回、馬を替えることになっていたので、ウイーンとストラスブールの間の行程で二〇〇〇頭ほどが必要だった。

毎日、九時間の旅程を進む。最初の夜、ドナウ川にせり出したバロック建築のメルク修道院に到着し、そこでマリー・アントワネットは兄ヨーゼフに再会する。ベネディクト派の修道僧たちは、王家の客人たちのために出し物を用意していたが、旅の疲れが目立つマリー・アントワネットが身を入れてそれを楽しむのは無理だった。翌日別れの時になると、兄はヴェルサイユへ会いに行くからと約束してくれるが、その約束は後日果たされることになる。長い馬車の列は、エンス、ランバッハ、アルトハイム、アルト＝エッティンゲン、ニンフェンブルク、ミュンヘン近くにあるバイエルン選挙侯の夏の館、アウグスブルク、ギュンツブルク、リートリンゲン、シュトックアハ、ドナウエッシンゲンそしてフライブルクに止まりながら進んだ。若い皇女はどこへ行っても行列の通り道に集まってきた群衆の喝采をあびた。ギュンツブルクとフライブルクでは、マリー・アントワネットが過酷な旅の疲れを癒せるよう、二日間滞在する予定となっていた。ギュンツブルクでは、ルミルモン女子大修道院長である叔母のシャルロッテ・フォン・ロートリンゲン（シャルロット・ド・ロレーヌ）と、長い時間を過ごした。フライブルクでは、ハプスブルク家の前哨［一六九七年ライスワイクの和約でオーストリアに属するようになった］であるこの街で、彼女はふたたびオーストリアに出会う。

五月六日、フランス到着前の最後の宿泊地シュターン修道院へ向かって出発する。彼女を迎えるためルイ一五世に特任され、ストラスブールからメルシー＝アルジャントー伯爵とともにやって来たノアイユ伯爵の訪問を受けたのは、その地においてだった。翌日に予定されていた引き渡しは、ちょうどケールとストラスブールの間にあるライン川の中洲、エピ島でおこなわれることになっていた。こうした事情に合わせて、東のオーストリア側と西のフランス側の、二つの玄関の間がついた小さな館が建てられていた。この二つの部屋の真ん中には、儀式が行われる広間があって、こうした機会には華やかさが必要ということで、ロレーヌ大公から借りた絨毯とストラスブールのド・ロアン枢機卿から借りたタペストリーが飾ってある。しかし、タペストリーのテーマは、当時ストラスブール大学の学生で、これを見た可能性がある若いゲーテの反応から判断すると、趣味が良いとはいえなかった。「これらはイアソンとメディアの物語を描いていたのだ。王座の右手には残酷な死の苦悶に囚われている不幸な婚約者、左手ではイアソンが喉を切り裂かれた子どもたちを見て恐怖におののき、一方で復讐の女神フリアイが炎につつまれた二輪戦車の上に立ち上がっている［ギリシア神話。魔女メディアは何もかも捨てて愛するイアソンと暮らしていたが、その夫イアソンがクレオン王の娘婿になることを承諾。絶望したメディアは王と王女を毒殺し、自分の子どもたちの喉を切り裂く］」。このようなおりにこのようなテーマは、あまりにそぐわないように見えたので、思わず叫ばずにはいられなかった。『なんだって！　若い皇女が未来の夫の国の土を踏もうとしているときに、考えられるかぎりもっともむごたらしい絵を飾るなんて！』」

ともかく、マリー・アントワネットはこのおぞましいテーマに目を凝らす気にはならないだろう。五月七日の朝、彼女はオーストリア側の部屋に入った。そこで旅行着を脱ぎ、金糸の織物のドレスとペチコートの宮廷服に着替える。儀式のうち彼女にとって胸が張り裂けるほど辛かったのは、ウィーンを出発して以来一緒だった人々に、そして、彼らを通してオーストリアに別れを告げる時だった。エスコートとして、シュターレンベルク大公だけが残った。広間の扉が開き、シュターレンベルクに手を取られて入場すると、ノアイユ伯爵とその二人の補佐人がそこで待っている。彼女は国境を象徴した深紅のビロードにつつまれたテーブルの前で立ち止まる。ノアイユ伯爵が国王の名で、歓迎の辞を述べ、続いて公文書を読み上げる。今までのお付きの女官たちが彼女の手にキスをして引き下がった後、オーストリア側の扉が閉まる。そこへフランス側の扉が開いて、控えの間で待っていた新しいお付きの者たちがマリー・アントワネットの前に姿を現す。彼女はフランス大貴族の名前しかわからない。王太子妃の第一女官ノアイユ伯爵夫人、ヴィラール、ピキニー両公爵夫人とデュラス侯爵夫人、マイイとソ＝タヴァンヌ両伯爵夫人。夫人たちはみな、王妃マリー・レクザンスカの女官だった人々で、その理由でルイ一五世が選んだのだが、未来の王妃と彼女たちとをへだてる年齢の違いは歴然としていた。

マリー・アントワネットは今、フランスでの暮らしを始めた。城塞の大砲三発と教会のカリヨン［さまざまな音高を組み合わせた一そろいの鐘］がストラスブールの人々に彼女の到着を告げる。住民たちは未来の王妃を情熱的に迎えた。顔を輝かせる微笑みも「ユリとバラが混じりあったような肌の色」も生まれが隠せない高慢な感じのする立ち居ふるまいも、人々を魅了した。司教館では、魅力的なルイ・ルネ・エデュアール・ド・ロアンによる歓迎の辞を聞く（この事実は、一五年後に王政をまきぞえにした首飾り事件が起こらなければ、注目には値しなかっただろう）。二日間にわたって、祝賀パーティーやスペクタクル、歓迎会が続いた。どこへ行ってもマリー・アントワネットは少しも疲れの様子を感じさせることなく、変わらぬ優雅さと気配りを見せた。五月九日はコンピエーニュへの出発の日で、そこで五月一四日にルイ一五世と若い夫に迎えられることになっていた。これでマリー・アントワネットは真にフランスの新しい王太子妃となった。

第2章

ヴェルサイユ――王妃のアパルトマン

イヴ・カルリエ

今日ヴェルサイユを訪れる人々は、宮殿の王妃のアパルトマンをマリー・アントワネットに結びつけることが多いが、それは主として彼女がそこを使った最後の王妃だっただけでなく、一七八九年一〇月六日の朝、彼女の最後の運命の、第一幕がくりひろげられたのがそこだったからだ。しかし自分の私的な部屋の装飾の刷新に比べて、こちらの改修はあまり命じていない、あるいはあまり財源を獲得していない。一七七〇年にフランスの宮廷に到着したとき、まだ王太子妃だったが、王妃のためのアパルトマンが彼女のために用意された。というのも一七六八年に最後の王妃マリー・レクザンスカが崩御して、満たされるべき宮廷が空虚のままになっていたからだ。彼女は、衛兵の間、控えの間、貴族の間こととグラン・キャビネ［キャビネは書斎・陳列室・納戸などさまざまな用途に使われる比較的小さい部屋の総称］、寝室《シャンブル》、ゲームの間と、南向きの五つの続き部屋からなる堂々としたアパルトマンをもらった。このアパルトマンへは、通常王と王妃のアパルトマンに通じる大理石の階段を使い、それから衛兵の間からゲームの間へと配置に沿って進む。

ヴェルサイユ宮殿、1781年における主屋２階の見取り図

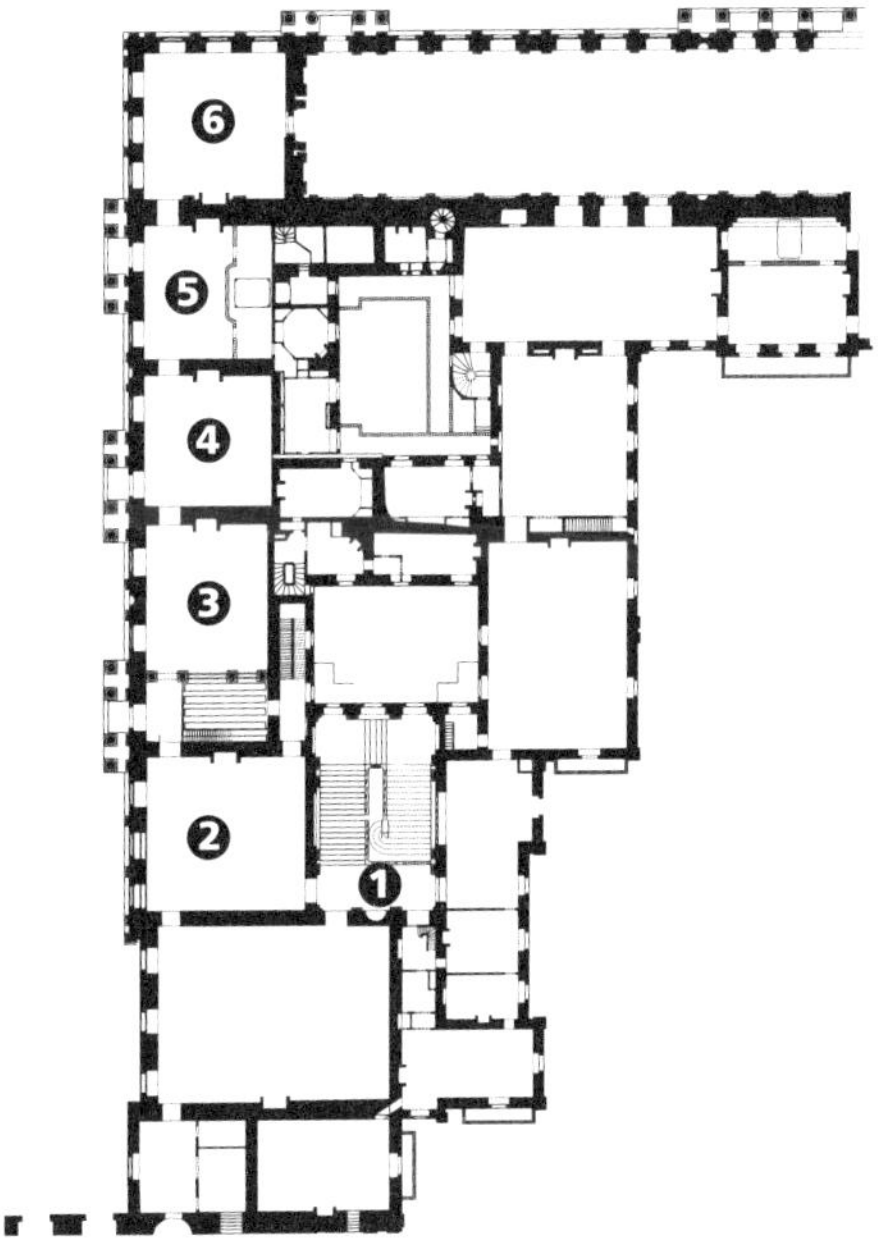

❶ 大理石の階段または王妃の階段
❷ 衛兵の間
❸ 大膳の儀の控えの間
❹ 貴族の間
❺ 寝室
❻ 平和の間（ゲームの間）

時代遅れのアパルトマン

本来、王妃の公的生活を予定したものなので、その五つの部屋にはそれぞれの役割があった。とはいえ、その時々の慣習や状況によって、どうしても動かしがたいと思われていたことをやめたり、しばしば圧倒的なエティケットの重圧で行動が規定されている王妃の生活も宮廷にも、少し違うやり方、あるいは変化をもちこんだりすることができないわけではなかった。マリー・アントワネットはそこから解放されることを試みた。

寝室を除いてどの部屋も、ルイ一四世の配偶者、マリー＝テレーズ・ドートリッシュ妃のために一六七〇年代に施された装飾のままだった。理想の王妃の徳をたたえる神話的情景が描かれた大理石の羽目板や天井は、王妃の暮らしに課された仰々しさをともなっていた。寝室だけは、一八世紀前半にルイ一五世の妃マリー・レクザンスカのためにすっかり改装されていたが、マリー・アントワネットの到着に合わせてふたたび手がくわえられ、内装は白と金色の板張り、天井も同じ色のモチーフで装飾されていた。ゲームの間と寝室の調度は、新しい王太子妃を迎えるためにすべて取り替えることとなったが、貴族の間の調度の交換は一部にとどまった。

王妃の衛兵の間

この部屋にはあまりに副次的な役割しかなかったため、マリー・アントワネットはほとんどなんの関心も示さなかった上、使用することはまったくなかった。王の前庭に降りて、階段の下で待っている馬車に乗るためか、子どもたちの住まいが南翼棟の端だったころ、そこを訪ねるためか、養育係として子どもたちの近くに住んでいた友人のポリニャック公爵夫人のアパルトマンに行くために、そこを通るだけだった。四つの警備隊のうちの一中隊の兵士たちが常時駐在し、日中はそれにスイス人親衛隊の分隊がくわわった。宮殿の多くの人々が行きかうこの部屋は、昼の間にぎやかに活気づいたことだろう。見張りに立つ兵士たちは、訪問客の地位に応じた敬意を表し、召使い、野次馬、請願者、訪問者、宮廷人が護衛兵の簡易ベッド（日中は衝立の後ろに隠されている）、あるいは王族のアパルトマンの中まで従者が運ぶ駕籠に乗ってくることを許された人々の駕籠の間を行き来した。

王政の崩壊にいたる一連の出来事の最初の幕が演じられたのは、この部屋においてだった。一七八九年一〇月六日朝、鉄柵を越えて王の前庭に入ったパリの民衆は、大理石の階段を通って宮殿に乱入し、衛兵の間に入りこんだ。そこで警備にあたっていた兵士に阻止されて、進行が遅くなったため、お付きの者たちが王妃を王の部屋へ逃れさせることができた。

控えの間と公開の食事

紹介のある人、または門衛に適切な服装をしていると判断された人は、宮殿内の散策を続け、「グラン・クヴェールの」という控えの間にも入ることができた。この約一五〇平方メートルある広い部屋の装飾は、大部分がルイ一四世時代のもので、暖炉とその上の羽目だけがマリー・アントワネットのために新しくなっていた。主にその先にある部屋で接見を許された人、あるいは王妃を一目見たいと考える人のための待合室として使われた（彼女はある朝など控えの間に多くの人々がいるのを見て、苛々している）。この部屋は、グラン・クヴェール（大膳）の名で知られている、王と王妃の公開の食事のための食堂としても使われていた。

　グラン・クヴェールは地方から出てきた人々を喜ばせていたが、これが王妃のアパルトマンで行われるただ一つの公の食事というわけではない。ただ王政の壮麗さがもっともよく現れていたため、あらゆる種類の公の食事と同義語となった。治世の初期には、一人寝室でとる私的なプティ・クヴェール（小膳）、王とともに貴族の間でとる「王妃の住居での公の正餐《ディネ》」と名づけられた食事、王とともに控えの間でのグラン・クヴェール、とマリー・アントワネットはいくつもの形式の食事をしていた。のちには、王妃のアパルトマンで公開の食事が行われるのは祝日や日曜日だけとなり「ルイ一四世の時代は毎日。なお大膳の儀が行われたのは夜で、比較的軽かった」、控えの間、あるいは時に隣の貴族の間でのグラン・クヴェールが主となった。給仕の必要やさまざまな設備（王夫妻のテーブルの向かい側の壁にしつらえられた演奏家の舞台、窓に向かって壁から出っ張って設けられた階段席、見物客にあまり邪魔されずに給仕ができるよう同じ壁にそって彩色された木で設けられた通路）が見物客のためのスペースをせばめていたので、彼らは押し合いへし合いしたに違いない。

テーブルは暖炉の前に置かれた。暖炉を背に横にならんで、王と王妃は高い背もたれの肘掛け椅子に座った。王妃の席は王の左側だった。背後と両脇には護衛兵と司式をおこなう者たち、そして正面には数メートル離れて、折りたたみ椅子が円形にならべられ、君主の面前で着席できる特権をあたえられた貴婦人たちがそこに座った。その後ろには、別の貴族たちが立つのだが、そのうちの何人かは王夫妻の関心を引けそうな位置に陣取った。かなりの数だったはずの宮廷人に、見物客、とくに日曜日に宮殿と王一家を見にきたパリの住民を加えなければならない。見学の様子を同時代の劇作家ルイ＝セバスティアン・メルシエが、少なからぬユーモアをもって描写している。「グラン・クヴェールでは、そのパリ市民は王が食欲旺盛に食べ、王妃はグラス一杯の水しか飲まなかったのに気づく。それで二週間は話題に困らないだろう（…）」。たまに来ているこうした見物客の流れははっきり決まっていないため、そのまま鏡の間まで続くアパルトマンの部屋を通って進むのか、まわれ右して戻るのかわからない人々で、混乱はますますひどくなったに違いない。

宮廷の様子は、金や金メッキの銀の食器で供される公の食事の際に、その素晴らしさが誇示された。台所から運んできた給仕の手から料理の皿を受け取り、給仕長の見守るなか、それぞれの君主に差し出す王と王妃の食卓世話係のあわただしい動きや群衆の動きを想像してほしい。近くにいる人々に声をかける王と王妃。気づいてもらい、声をかけてもらって、気の利いた返事によって差をつけることを期待する宮廷人も、動きを引き起こした。声をかけられた宮廷人は、まず近づき、それから会話が終わると元の列に戻らなければならないからだ。

衆人環視の中で食事をするのはなまやさしいことではなく、観察されることはマリー・アントワネットとって耐えがたかったので、どんな料理にもほとんど手をつけなかったし、複数の証言によると、その部屋を早く出て、親しい仲間とともにほんとうの食事をしたいと苛立っていることを隠そうともしなかった。

王妃の舞踏会

控えの間はマリー・アントワネットにとって嫌な時間との同義語だっただけではない、というのも、たまには舞踏会場となったからだ。王妃はダンスを特別に好み、王妃になってすぐから舞踏会を流行させた。パリと宮廷における舞踏会シーズンは、クリスマスから謝肉祭の最終日までで、ヴェルサイユでもいくつもの舞踏会が王妃によって催されるのが恒例だった。それには、王子たちの中庭《クール・デ・プランス》のホールがよく使われた。王子たちの中庭と南花壇の間の空間に、ルイ一四世によって建設されたこの小さなホールで、ガブリエル棟の新しいホールが建設されるまで、ヴェルサイユにおけるほとんどすべての娯楽の催しが行われていた。しかし、舞踏会場への転用のために、鏡を設置したり、花飾りをほどこしたりと室内装飾業者の介入が必要になったとはいえ、楽団席や見物客の階段席を利用して、マリー・アントワネットは王妃の控えの間でこうした行事を催したようだ。歌劇場や宮殿の収蔵庫から引き抜いてきた数多くのシャンデリアや燭台で照明がふやされ、これにたずさわったシャンデリア職人の計算書によると、ホールはおよそ二〇〇本のろうそくで照らされたようだ。炎の揺らめきがこうした舞踏会のために特別に仕立てられた衣装だけでなく、宝石や宮廷人の金銀で飾った服に映り、宮廷の若い貴族たちによるカドリーユやコントルダンスと同じくらい、舞踏会を盛り上げた。また、王妃のアパルトマンでは「年長さんの舞踏会《バル・デ・ヴュー》」というものも催されたが、それに出席できるのは、特別な寵愛の印だった。舞踏会の規模が大きくなり、この部屋では間に合わなくなってからは、一七八四年から王の前庭に、のちには南花壇に、組み建てられた木製の豪華な仮小屋が受け入れるようになるまで、ヘラクレスの間あるいは歌劇場のほうに撤退させられた。

貴族の間

マリー・アントワネットが内装をほぼ完全に新しくすることができたのはこの部屋だけだった。というもの、一七八五年から一七八六年にかけて、大理石の羽目が、天井だけを残して緑色のダマスク織（緞子）の壁紙を伴った白と金色の木製の羽目に取り替えられたからだ。固定装飾が一新されるとともに、この度は調度品も、この部屋のために制作されたものと調和するスタイルで、全面的に取り替えられた。

広い独立の部屋として、貴族の間は公式の接見に利用されたが、寝室の手前というその位置から待合室にもあてられた。大膳式の控えの間のところで述べたように、貴族の間が食堂になる場合も多かった。王が日曜日に王妃とともに「公に食事をするとき」（しかしグラン・クヴェールの形式ではなく）あるいはもっと例外的に、おしのびで旅行中のやんごとない客人とともに王一家が食事をとるときにもちいられ、たとえば未来のロシア皇帝パーヴェル一世夫妻は、一切の面倒な儀礼を避けて、王一家とともに丸テーブルを囲んだ。

このサロンは主に接見に使われた。宮廷に紹介される貴婦人たちは、新人のための練習を必要とするしっかりと決められた通りの振り付けにしたがって、初めての表敬をする。彼女たちは、もう宮廷でしか着られることのないグランパニエ（スカートを膨らませる骨が入ったペチコート）の式服を着て、肘掛け椅子に座っている王妃の前で膝を折り曲げたお辞儀を三回し、手袋を脱いで王妃のドレスの裾をもちあげてキスする。それからドレスの中でつまずかないように気をつけながら後退りする。すべては、すでに宮廷に居場所を確保した貴婦人たちの、せんさく好きで悪意あることも多い視線のもとでおこなわれるのだった。

フランスに任命された外国大使の夫人たちは、このサロンで、常に巧みにコード化された作法にしたがって、王妃に初めて迎え入れられたり、暇ごいをしたりする。イギリス大使マンチェスター公爵夫人についてもこんな風に展開した。「王妃は寝室の前に位置する部屋にいらっしゃいました。肘掛け椅子に座って大使夫人をお待ちになっていたのですが、その右と左に爵位のある貴婦人たちが円形になって座っています。その他の宮廷の婦人たちはタブレ（スツール）の後ろに立っています。護衛隊の隊長と王妃のアパルトマンの非番の兵士がその他の将校たちとともに、王妃の椅子の後ろに控えています。大使夫人が接見の部屋の扉のところまで来ると、そこで、大使の案内役である王の秘書が夫人の到着を知らせるのを待ちます。秘書が入室して、深いお辞儀をします。すると、王妃の右側に座っている、もちろん爵位のある女官が、立ち上がって、扉に向かって後ずさりしながら、王妃に三回膝を曲げるお辞儀をすると、王妃はそのたびに首をかしげられるのです。女官は大使夫人の手をとって、部屋に招き入れ、二人が前進しながら王妃に三度かがんでお辞儀をすると、王妃は大使夫人に会釈を返してくださいます。王妃の手の届くところまで行くと、大使夫人は王妃の正面の、女官の右側に座ります。円になった貴婦人たちは腰をおろし、王妃は接見の光栄を得たこの人物を、愛想の良さと自然な口調で安心させるのですが、その物腰の高貴さは少しもお変わりにならない。五分後、王のお出ましが知らされ、全員が起立します。王が大使夫人を抱擁します。厳格な礼儀作法では、王は王妃にこう言わなければならなりません。『あなたがこんなに善いお仲間といるとは思わなかった』。だがルイ一六世はこのような馬鹿げた美辞麗句を少しもおっしゃらずに、快く自然に少し言葉をかけてから、部屋を出られます。王妃はふたたび席につかれ、大使夫人も同様にします。それから後退しながらの三度のお辞儀で接見が終了し、女官は入室時と同様に大使夫人の手を取って（…）」

王妃付きの貴婦人たちが、毎朝、寝室に入ることができるまで待つのもここだった。これに続く記述は、日曜の朝にかんするものだが、週の別の曜日にもあてはめることができるだろう。「女性たちは正午の数分前に王妃の寝室の手前のサロンに来ました。高齢の、従って非常に尊敬されている女性と妊娠中と思われる若い女性を除いては腰を下ろしません。そこにはいつも、少なくとも四〇人、多くの場合はそれ以上がいました。時にわたしたちはぎゅう詰めになりましたが、場所をとるこのグラン・パニエのせいです。通常は女官長のランバル公妃が到着して、すぐに王妃が身繕いをなさっている寝室に入ります。公妃は王妃が始められるより前にいらしていることがしょっちゅうでした。わたしの伯母エナン夫人の義理の姉、シメイ公妃と女官の一人ドサン伯爵夫人と衣装係の女性がもう一人寝室に入ります。数分後、守衛が寝室の扉に進み、大声で「セルヴィス！」と叫びます。そうするとその週の宮殿係が四人、その週の間、ご機嫌うかがいに来るのですが、それが不動の慣習でした、そして若い女性たちが、そのあとの用事をするために呼ばれて入ってきます」［リュシー・デイロン侯爵夫人の「日記」］

一七八〇年一一月のマリー・アントワネットの母マリア＝テレジア大公の崩御のあとのように、死亡に結びついた儀礼上の訪問も、ここでおこなわれたようだ。「王に対するあいさつが終わると、従者たちや国王の兄弟・甥たちが午後一時から王妃にあいさつを始め、ギャラリー［鏡の間］から平和の間へ、王妃の寝室を通り、次の部屋［控えの間］に行くと、王妃は部屋の奥の壇上の肘掛け椅子に座っておいでで、一方にプロヴァンス伯妃が、もう一方にアルトワ伯妃、王弟プロヴァンス伯殿下、アルトワ伯そして血縁の王族《プランス・デュ・サン》［王の兄弟・甥］

がいらした。背後には王妃付きの女官と重臣たちが控えていた。人々は一人ずつ、地位の区別なく王のアパルトマンにおけるのと同様に列を作り、王妃の前で立ち止まっては最敬礼をした。二時半にすべてが終わった。夕方には、直属の従者たちと血縁の王族は六時にまた王のアパルトマンに行き、そこから王妃のところへ行った。喪のベールを被った女性が二六〇人、そして男性が三一二人いた（…）」

寝室

寝室の性格はかなり矛盾をふくんでいる。なぜなら、王夫妻の寝室であるというだけでも個人的なプライベートな部屋だが、同時に、特別な機会であろうと、宮廷の日常生活であろうと、王権の確認にかかわるような多くの公的な出来事にも使用されたからだ。それにくわえて、この部屋は、グラン・キャビネでの「公式」の接見より価値のある特別な接見を受け入れていた。だがそれ以上に、王妃の日々の生活の中で、この部屋でおこなわれる朝の身づくろいの時間はまちがいなくもっとも荘厳な時間だった。フランス宮廷の作法が、王の起床の儀と対をなすものとして、王妃にも公開での身支度を義務付けていたからだ。これを見れば、朝、王妃の一日がどのようにして少しずつ代表者としての生活にすべりこんでいくかをおしはかることができるだろう。

前日に王妃が決めた時間に（カンパン夫人が、王妃の目覚めは通常、午前八時だったと書いている。マリー・アントワネットの宵っ張りの習慣には相反する情報だが、少なくとも治世の初期はそうだったようだし、同時代人の多くの証言がある）、首席小間使いと職務にあたる衣装係が入室し、雑務の召使に補助されて、小さなテーブルの上かベッドの中でとる朝食が給仕される間、王妃の準備を手伝う。このとき、最初に入る人々、なかでも第一医師、副医師、第一外科医、朗読係、秘書、数人の王の小姓たちが現れる。たった一人の女性のための、個人的な身づくろいがおこなわれるのだが、またしてもカンパン夫人によるとそれは部屋の中に移動させた浴槽で入浴しない日には、足を洗うことだったようだ。私的な小部屋のほうにも浴室があるのだが、これは別のときに使い、湯あみの後、少し休憩するのが習慣になっていて、マリー・アントワネットはそれを利用して親しい友人を招き入れ、きっと公では話せないようなことを話したのだろう。

公の場に立つための身支度は正午ごろおこなわれた。守衛が貴族の間で待機していた職務にあたる四人の王妃付きの女官とその他の宮中女官を呼ぶときには、王妃の女官長、女官、衣装係、衣装部屋の仕事に必要な人々がすでに入室している。彼女たちが入ってくると、マリー・アントワネットは一人ずつに会釈をし、言葉をかけただろう。たとえ王妃を待たせるとしても、着るべき衣装を最後に王妃にわたすのはその場にいる中でもっとも地位の高い女性だという、かなり束縛の多い慣習にしたがって王妃が着替えを始めるのはこのときだった。「王妃付き女官と衣装係女官は、一緒にはたらくときは二人とも寝室付き女官長と二人の役付きでない侍女に手助けされて、主要なお世話をしたが、彼女たちの間には違いがありました。衣装係女官はジュポン［ペチコート］を着付け、ローブ［ドレス］を差し出し、王妃付き女官は手を洗う水をそそぎ、シュミーズ［下着］を着付けるのです。着付けのときに王家の女性が現れれば、王妃付き女官はこの最後の役割を譲るのですが、直接シュミーズを血縁の王家の女性に渡すのではなく、この場合王妃付き女官は寝室付き女官長にもどし、寝室付き女官長が王家の女性に手わたすのです。これらの婦人たちは、自分の権利と切り離せないものとして、この慣習を細心の注意を払って守っていました。

ある冬の朝など、王妃はすでにすっかり服を脱いで、シュミーズを着せられる瞬間でした。わたしがシュミーズを広げて待っていると、王妃付き女官が入ってきて急いで手袋を脱ぎ、シュミーズを手に取りました。誰かがドアをこする［ノックの代わりにドアをこすった］ので、開けてみるとオルレアン公爵夫人でした。夫人が手袋を脱いで、シュミーズを手に取ろうと前進しましたが、王妃付き女官はそれを直接差し出してはいけないので、わたしに返し、わたしが公爵夫人に手わたします。そこでまたドアをこする音がするのです。プロヴァンス伯妃［プロヴァンス伯は王弟なのでオルレアン公爵より地位が高い］でした。オルレアン公爵夫人はシュミーズを伯妃に差し出しました。王妃は胸の前で両腕を組み、寒そうにしていらっしゃいました」。のちにマリー・アントワネットが内側の小部屋で、モード店主と必要最小限の世話役のみで、着替えることにした理由がよく理解できる。

それに続いて、守衛が伺候に来た人々を全員中に入れる、身支度の時間は王妃に近づくのに絶好のチャンスなのだ。王妃に会える別の機会があるのにもかかわらず、王弟たちがやってくることもよくあった。室内は時に非常に混雑するので、婦人たちは二列あるいは三列にならんだに違いない。他の人々が入ってくるにつれて、彼女たちは新たに来た人々に場所を譲るため、ゲームの間［平和の間は、当時王妃のアパルトマンの一部のようにしてゲームのサロンとして使われていた］の扉のほうへ移動した。在フランスのオーストリア大使が一七七五年一月一日に書き留めている。およそ二〇〇人の女性にくわえて大臣や重臣がそこに姿を見せ、マリー・アントワネットは彼らの一人一人に言葉をかけるのだが、配慮の必要な、あるいは機嫌をとる必要のある人々にはとくに気を使った。大体このタイミングで、王妃は豪華にレースでおおった台の上に置かれた鮮紅色のぜいたくな化粧道具の前に座るが、ふだんはベッドの近くに置いてあるのが、手すりの前に持ってこられている。その台に向って、折りたたみ椅子がならべられ、そこには王妃の前でも座ることを許されている女性たちが座り、他の人々は立ったままでいる。ここで装飾品と髪型の最後の段階に入り、王妃はさらに会話ができるようになる。この会話は、部外者には軽薄で、さらには味気なく感じられたに違いない。王の傍でも同じだが、当たり障りのない話題を選ぶことで、批判の的になりそうな話は避けられたからだ。その点で、宮廷の消息とマリー・アントワネットがとくに高く評価していた演劇が、身繕いの間の話題として好まれた。たとえば彼女の兄である未来のヨーゼフ二世などは、他の話題に言及しようとして、妹の化粧がうぬぼれていると指摘し、そこにいる女官に証言させようとしたが、これは妹をひどくいらだたせ、彼女は女官にその意見は自分だけにとどめておくようにと言った。

プティ・クヴェール（小膳の儀）

寝室はときどき、プティ・クヴェールの背景ともなった。この食事は王妃が一人で、寝室付き女官にだけ給仕されてとるが、王妃付き女官長と衣装係女官がテーブルの両端にいて監督する。料理を運んでくる食膳係は、作法によって貴族の間の扉のところで止まって、それを給仕係にわたすことになっている。プティ・クヴェールに居合わせて、この時伺候することが許されているのは、重い任務があるか高い入場料を払うかした人々にかぎられていた。しかも、プティ・クヴェールによる食事がいつどんな周期でおこなわれるのかは知られていなかった。王妃の小部屋の上の階にある食堂が改造されたことで、彼女がほんとうには決して従っていなかったこの実践が、すぐに放棄されるだろうということは容易に想像された。

慣習は、王妃が王家の男性以外と公の食事をすることを許さなかった。この不都合を取り繕うため、クロイ公爵［一七一八～一七八四。軍人。日記を遺した］がやや懐疑的ながらも、やむを得ずデミ・グラン・クヴェール（半大膳式）と名付けたもので、対処することがあった。たとえば王と王妃とその兄との昼食のケースだ。三人の会食者は、手すりの前に置かれたテーブルを囲んで、王妃の寝室の備品である折りたたみ椅子に座った（クロイ公爵は、あまり快適ではないだろうと思った）。ルイ一六世とマリー・アントワネットは窓のほうをむき、ヨーゼフ二世は彼らと向かい合った。宮廷人たちは貴族の間に閉じ込められ、半開きになった扉から中の様子をうかがった。クロイ公爵の報告から受ける印象では、見せることが十分考えられていたようだ。なぜなら慣習が現用の規則に沿って適用されていた（たとえば王妃の寝室なので、給仕は王妃の女官によった）だけでなく、親しさも演出で、王は貴族の間にいる人々に向けて「思わせ振りなそぶりをして見せたり」、食事の後、暖炉のそばで義兄といかにも親しげに会話したりした。

特別な時間

　多くの人の見解では、王妃の人生においてもっとも重要な瞬間は出産であり、王朝の存続が確保できるよう、男子を産むことだった。子どもの正当性を担保するため、分娩にはそこにごまかしがないこと、子どもがまちがいなく王妃の子であり、したがって王の子であるということを保証できるような人々の立会いが必要だった。

　サヴォヌリー織絨毯の衝立てで区切られて、分娩の床は暖炉の前に置かれた。母親になる仕事は、分娩が順調に経過するために必要な人々（産科医、首席医師、首席外科医、寝室付き女官）、王妃付きの高官、そして王家の人々という限られた集団の見守る中でおこなわれた。ところが、まさに分娩の瞬間、部屋の扉が開いて、待っていた人々が無差別になだれこんできて、不都合な状況が生まれた。どの資料も一様に述べているところだが、ルイ一六世と医師のうちの一人の機転がなければ、最初の子どもの出生はマリー・アントワネットにとって不幸なものとなった可能性がある。実際そこには百人以上が詰め掛けていて、そのうち二人のサヴォア人などはもっとよく見ようと家具の上に登った！　言語を絶する雑踏と耐え難い暑さに、門番は望ましくない人々をみな断固として外へ出さざるをえなかった。

とくに男子の誕生の際はそうだが、幸福に満たされた時が過ぎると、またしきたりが戻ってきて、王妃はその寝室に、ほとんど宮廷の構成員全員、国民から成る団体や外交団の祝辞を迎え入れなければならなかった。暖炉の前に置かれた長椅子に座って、あるいはまだベッドの中で、王妃はいつまでも終わらない列をなす人々に面会し、というか耐え、お祝いを述べにきた男女の退屈な話を聞いた。「王妃は、出産以後初めて全員の女性たちに会った。わたしは好奇心からそれを見にいったのだが、とても奇妙だった。アパルトマンはそのようなセレモニーのための十分な広さがない。そこには二〇〇人以上の女性がいて、すなわち、モスリンの帆をつけた三ピエ［約一メートル］の高さの髪型がひしめいていたわけで、小さな基礎の上に乗った船団のような髪型が邪魔して、何も見えなかった。人々は押し合いへし合いし、扉の近くの長椅子に座った王妃の前を通り、そこからゲームの間に入る。（…）ギャラリー［鏡の間］に出て、やっと息ができるのを喜んだ」

こんな儀式も状況によっては、より喜ばしいものとなった。才気煥発なことで知られていた市場《ラ・アール》のおかみさんたちの祝辞などは、荒っぽい表現だが、飾り気がなく、マリー・アントワネットに国民が王子の誕生を待ち望んでいたことを思い出させた。「市場の奥さんたちが王妃の祝いに駆けつけ、このような商人の階級に合った礼儀作法で迎えられた。人数は五〇人ほどで、かつてそうした身分の女性の正装である黒い絹のドレスを着て、ほとんど全員がダイヤモンドをつけていた。シメイ公妃が王妃の寝室の扉のところにいて、これらの女性のうち三名がベッドのそばまで招き入れられた。そのうちの一人が陛下にスピーチをしたが、その原稿は［劇作家の］ド・ラ・アルプ氏が作ったもので、扇子に書かれているのに何度も目をやりながら、それでも少しも困惑した様子を見せなかった。彼女は美人で、非常にきれいな声をしていた。王妃はこの祝辞に感動して、いつもは不快な印象を持っていたこの魚売りの女性たちをたたえようと、非常に愛想よく対応なさった」

誕生によってもたらされた喜びの機会とは逆に、喪の悲しみのレセプションもこの同じ部屋でくりひろげられた。もっとも悲痛だったのは、まちがいなく一七八九年六月九日におこなわれた王太子の死［6月4日］のあとのものだった。「王妃は宮廷に参内したすべての人のあいさつを受け入れた。女性たちは準正喪服に身を包んで、みなふだんより引き立って見えたが、これ以上ないほどに悲痛で心にふれたのは、王妃が黒衣の女官たちにつきそわれて寝室の手すりに寄りかかり、宮廷中が列を作って哀悼の辞を示しながら少しずつ進んでいくのを見ながら、息をつまらせないよう自分を抑えていらっしゃる姿だった」

平和の間

王妃のアパルトマンに付属し、ルイ一四世の治世の後半になると、扉をそなえた区切り壁の設置で鏡の間と切り離された平和の間は、王妃がとりまきを集める部屋となったが、それは主にその部屋がゲームの間として使われたからである。その場合は、出席者は王妃の前に座ってもよかったので、多数の（六〇脚）折りたたみ椅子とタブレが許された。彼らの脇では、ご機嫌伺いにだけ来た人々が、参加しないで勝負を眺めることができた。宮殿でおこなわれている賭け事で、かなりの金額が動いていることはみんなが知っていた。王令や多くの人の勧告にもかかわらず、マリー・アントワネット自身、しばしば勝負の魔物にとり憑かれて、決して完全には掛け金の額を制限することができなかったようだ。また賭け事が、あまり出入りが望ましくない人物を引き寄せ、賭けの負けが宮廷の良き雰囲気とは相いれない行動を誘発することが懸念された。それにしても王妃の態度に関して述べられていることは相矛盾している。室内をまわって、それぞれに言葉をかけていたという人もいれば、仲良しグループとだけ話して、「そこにいる全員を嘲笑った」という人もいるのだ。

ルイ一五世妃マリー・レクザンスカの時代、平和の間では日曜日にコンサートがおこなわれ、その質はだれもが認めていた。音楽を愛好するマリー・アントワネットもそこで多くのコンサートを催したが、公式の場合に限られたようだ。そのかわり、王妃が少なくとも長女マダム・ロワイヤルを妊娠・出産した時期だけだが、この広間に彩色の木材で作られた劇場があった。五〇席ほどで、王家の人々や王妃の内輪の仲間と数人の恵まれた人を迎えた。こうした改造はマリー・アントワネットの気に入らないことはなかったに違いない。冬になると結露でびしょ濡れになるからという口実で、ルブランの天井画を隠してほしい、大理石の装飾を除去するのでなければ隠して欲しいと何度も要望している。いくらそれが伝統破壊的であるとはいえ、王妃の要望をどうやって拒否すればいいか、やっかいな状況に置かれた国王建設局だが、皮肉にも、一七八九年の出来事によってその苦境から救い出されたのだった。

＊

ルイ＝フィリップがフランス歴史回廊建設のために命じた工事によって、王妃のアパルトマンはひどい損害を受けたが、ピエール・ド・ノラック［歴史家で詩人、一八九二〜一九一九年に、ヴェルサイユの学芸員。マリー・アントワネットやヴェルサイユにかんする著書多数］が一九世紀末に着手した研究の最初の対象となった。この部屋部屋がヴェルサイユで暮らした歴代の王妃の住居であると認識しながらも、彼はなによりマリー・アントワネットの人となりを呼び起こそうと努めた。そのため大部分がルイ一四世とルイ一五世の治世の装飾であるこのアパルトマンが、この場所の最後の住民と切り離せないものとなったのである。

第3章 ヴェルサイユ——内側の小部屋《キャビネ》、必死に求めたプライバシー

エレーヌ・ドゥラレクス

それは王妃の大寝室のアルコーヴ［寝台を収めるための壁のくぼみ］の儀式用寝台の左側に位置する、高さが二メートル五〇センチあるかないかの扉である。孔雀の羽やリラの花束の模様の、凝った夏の壁布の中に隠れた扉。一七八九年一〇月六日、彼女の運命が決まったこの日の朝、暴徒に追われたマリー・アントワネットは、小さな廊下と隠れた四つの階段に続くこの扉を通って逃げ、王の部屋に避難した。この扉は今日、手すりの後ろでひしめき合う見物客のために半開きになっていて、宮殿の内臓、宮廷人にも知られていなかった一連の小部屋、表のアパルトマンからは、そんなところにあるとはとても思いもつかない部屋部屋をさらけ出している。それはつまり、王妃の首席侍女カンパン夫人がその回想録で語っているように、プライバシーへの扉、宮廷の強制的なエティケットから離れて逃げ込む扉、そこではもはや王妃ではなくたんに「彼女自身」でいることができる場所への扉だった。「わたしはわたしの見たことをお話しします。マリー・アントワネット様の性格、プライベートでの習慣、時間の過ごし方、母親としての愛情、友情における誠実さ、不幸の中にあっての品位を知っていただこうと思います。ある意味で、王妃様の内側の小部屋の扉を開くことになるでしょう。その場所でわたしは多くの時間を、陛下の人生のもっとも美しい年月も、もっとも悲しい年月も、おそばで過ごしました」

舞台装置の裏側

グラン・アパルトマン（正式の住まい）の裏側にはめこまれた王たちの私的な部屋部屋のせいで、ヴェルサイユ宮殿はヨーロッパにおいても特異な存在である。これは建築についての前代未聞の選択の結果だが、一六六八年秋、ルイ一四世は宮殿を拡大するために、単に建物を足す方法ではなく、以前からある城館を新しい建造物で「おおう」方法をとったのだ。この驚くべき内張り建築から、ひそかに部屋と部屋をつなぐ廊下、見せかけだけの扉、小さな段々や隠れた階段で成る複雑な連絡システムが生まれた。この「奥の間」は、［ルイ一四世下の宮廷生活について回想録を残した］サン＝シモンがそうよんだように、ルイ一四世によって築かれた表舞台の見せ場の舞台裏であり、宮殿に演劇的性格をあたえている。空間は一つの部屋からもう一つへと乱暴に拡張され、あるいは縮小されていて、プティ・キャビネの親密さから壮麗な公式の間へ、芝居のどんでん返しのように、なんの継ぎ目もなく、不意打ちのようにうつりかわる。これは前述の一〇月の事件の後、王妃の内側のキャビネに入ったときの、王の近習フェリックス・デゼック〔伯爵〕にも衝撃をあたえた。彼が知らなかった部屋が迷宮のようにならび、あわただしく出て行った後の混乱が残されたままだったのだ。「こうして、王妃のアパルトマンに付属したたくさんの小さな続き部屋に入ったのだが、わたしはこのような部屋があることさえ知らなかった。小さな明かり取りのドライエリアにしか日が当たっていないので、大部分が暗く、ほとんど鏡と板張りの簡素なしつらえだった。ただ一つめぼしいものといえば、ル・ブラン夫人の見事な絵で、王太子〔ルイ・シャルル〕が姉とともに山羊にぶどうの房をあたえているところが描かれていた」

確固たる意志を持った王太子妃

一七七〇年五月一六日の結婚式の夕方、若い王太子妃マリー・アントワネットは水の花壇と南の花壇の角にある、宮殿一階部のアパルトマンに案内された。これは臨時のものだった。ルイ一五世妃マリー・レクザンスカは二年前に崩御していたので、彼女は当然主要階［二階］にある王妃のグラン・アパルトマンに入るはずだったが、準備ができていなかった。工事は遅れていた。寝室の彩色天井はくずれ落ちそうになっていたが、修復の二つの選択肢で迷っていた。その上、王の建築局の資金が空だったので、一階にあるマリー・アントワネットの義理の妹に当たるプロヴァンス伯妃、アルトワ伯妃のアパルトマンの改修のほうが優先された。王太子妃はじりじりしはじめた。彼女の部屋の工事は絶えず先延ばしにされただけでなく、自分に関係のない工事の騒音や乱雑さの中で、我慢して暮らさなければならないのだから。早速、建設局の局長だったマリニー侯爵［ポンパドゥール夫人の弟］にそのことを知らせた。「自分の部屋」を使いたいこと、工事をすぐさま終わらせて欲しいこと。マリニーは謝って、王の首席建築家で、王立建築アカデミーの長、アンジュ＝ジャック・ガブリエルに、王太子妃のほうの工事を再開するよう命じた。

数カ月後マリー・アントワネットはやっとグラン・アパルトマンとその裏側にあるいくつかのプライベートな小部屋を自分のものとすることができた。ガブリエルが若い王太子妃の激しい性格とあらためてぶつかるのに時間はかからなかった。故王妃から引き継いだ地味なものに替えて、マリー・アントワネットも叔母たちや義理の妹たちのように、立派な図書室を持つことに執着した。次のコンピエーニュ［パリ北東約八〇㎞夏期滞在用の城］行きの間に、女官ノアイユ伯爵夫人の監督下で工事が施工されることとなる。夫人はガブリエルに、本を置くためのシンプルな縦材と棚板の戸棚を部屋に備え付けさせた。出来上がりを見たマリー・アントワネットは自尊心を傷つけられた。義理の妹たちのよりだいぶ見おとりするこの図書室は、自分の地位にふさわしくない！　王建設局監査官シャルル・レキュイエの目の前で、棚板をすべて取り壊させ、次のフォンテーヌブロー滞在の間にやり直すよう要求した。幻滅したガブリエルは、再検討の上、今度は一万五〇〇〇リーブルを超える新しい設計図を「王の目の前に突きつけた」と、一七七二年九月一一日、マリニー宛ての手紙にはっきり書いている。

「王太子妃殿下はレキュイエ氏に、コンピエーニュへ行く前から、寝室に近い小部屋《キャビネ》を図書室にするようおっしゃっていました。出費のかさむものを作るには資金を得るのが難しいであろうし、旅行中に仕上げなければならないことから、細工は単純になり、縦材と棚板を作るだけとなりました。王太子妃殿下はそれがお気に召さなくて、目の前で取り壊させました。二日前、王妃は意図を説明なさるためにわたしをお呼びになりました。鏡と彫刻のある戸棚がご所望だという。それで、そのような設計をしたところで、それにかかる費用がわかりはじめました。（…）レキュイエ氏とわたしは、王太子妃のご意向を満たすよう前に進みますが、もし資金が来なければ中断することになりましょう。貴職から拝すべき命令を先取りする我々の慎重さをどうか非難しないでいただきたい」

あまりぼかす様子もない手紙からは、一六歳の子どもの高圧的な命令を前にした、偉大な建築家の困惑がうかがえる。二年前すでに、彼は彼女に抵抗したことがあった。彼女が大寝室の彩色されたヴォールトをシンプルな金色のコーニスで飾っただけの、平らで白い天井に変えたいと言ったときのことだ。ガブリエルは息を詰まらせ、グラン・アパルトマンのルイ一四世風の一連《つら》なりのなかで「とてつもない不調和」を引き起こすことになるようなこうした改修の実現を拒否した。マリニーはこのとき建築家の主張を認めた。しかし今回、ルイ一五世は可愛らしい王太子妃に対して何も拒否できず、財務省の当惑にもかかわらず、彼女のために素晴らしい図書館を作ることが許された。一七七三年八月、マリー・アントワネットはとうとうこれを利用できるようになる。すべてが細かいところまで考えられていた。たとえば建築家で機械技師のトラノワ氏が考案した「機械仕掛けの階段」だが、オーヴェルニュの美しいウォールナットでできた小さな折りたたみの階段のてっぺんに、トラノワは王妃のために、「図書室のもっとも高い棚の本を調べるとき、そこに乗ったり、肘掛け椅子を置いて座ったりすることができる踊り場のようなもの」を考え出したのだ。夜になっても装丁された美しい本に目を通すことができるよう、肘掛け椅子の手すりには燭台がついていた。

当世風に

一七七四年五月十日のルイ一五世崩御によって、即位後まもなく母親に書き送っているように、マリー・アントワネットは「ヨーロッパでもっとも美しい国の王妃」となった。それ以来、一世紀前から宮殿の中に入り込むことを認められていた民衆の目に、常にさらされて生きなければならなくなる。一七七九年には、プティ・トリアノンの庭園の整備が終わった。すぐに、内側の部屋部屋《キャビネ》の全般的な手直しにとりかかる。しかしながら「図書室事件」を新たにくりかえすという問題はない。彼女のための建築家、献身的なリシャール・ミックが任命されて、もはや強情なガブリエルと諍いを起こすことはなくなるし、ガブリエルは一七七五年に辞職した。もっとも今度は王の建設局新局長のダンジヴィエ伯爵が、王妃の腹心の建築家の上に権威を及ぼして、出費を抑えるのに一苦労することになる。

マリー・アントワネットは以後、改修工事に全面的に身を入れるようになる。家具にしろ、内装にしろ、実際に制作させる前に彼女が見本を検討しないものは一つもない。そして身の回りに置きたいと思う家具を素早く手に入れるために、一七八四年の王室家具保管係総監督ピエール・エリザベート・ド・フォンタニューの辞職を機に、自分自身の家具保管庫を発展させ、当時のプティ・トリアノンの管理人、ピエール＝シャルル・ボヌフォワ・デュ・プランの監督の下においた。先代までも王妃個人の家具保管庫があったとはいえ、この時期から、かつてない規模となった。王妃の内側のキャビネは、今日マリー・アントワネットの個人的趣味をもっともよく表している。そしてこの分野にかんして、王妃が非常に確かな直観と傑出したセンスをもっていた証拠を見せていることは議論の余地がない。その上、この驚くべき洗練の部屋部屋は、ヴェルサイユの創作物を代表する白と金色の木彫の装飾という装飾彫刻の技を永久にとどめている。

メリディエンヌ（午睡）の間

最初の工事は、手狭となったガブリエルの図書室の改装にかかわっている。司書であり、王妃の寝室付き女官長の夫であるピエール＝ドミニク・カンパンが新しい書物を大量に購入したのだ。マルリへの新たな滞在の間に工事がおこなわれる。調和が完璧になるよう、部屋の二枚の扉は王妃の製本職人マルシアルによって、見せかけの装丁で覆われ、一七八一年五月一五日、工事は終わった。

その春、王妃は二人目の子どもの出産を控えていた。三年前に生まれたのは女の子だったので、王国全体が王太子を期待していた。この来るべき出来事をとりまく興奮は、新たな改装に好都合だった。マリー・アントワネットはミックに頼んで、ブードワールを手直しする。大寝室の裏に隠れた、せいぜい一七平方メートルのこの小さな部屋には、ソファーベッドがあって、王妃が日中休みに来ていたので、メリディエンヌ（午睡）の間と名づけられていた。王妃の要請で、ミックは部屋の配置を変える。隅切り［方形の四方を切り落とした形にする］壁をつけくわえ、そのうちの二方、アルコーブの両側には扉を付けた。この新たな八角形の設計によって、寝室付き女官たちがブードワールを通って王妃を「わずらわせることなく」大寝室から図書室へ直接行けるようになり、部屋の独立性が確保できたと、王付き建築家で、ヴェルサイユ建設局監察官のジャン＝フランソワ・ウルティィエがダンジヴィィエ伯爵に宛てた報告書にもある。

「伯爵様、王妃のために作成することになった新しいキャビネの設計図をお送りします。加えて陛下の図書室の設計図もお送りします。［…］寝室の通路が図書室へ行くのと新キャビネへ行くのとで共通であること、図書室へ行くのにキャビネを通らないように、そのほうがいいと王妃がお考えになったときは一人になって、世話係をわずらわせることも、わずらわされることもないようにと考えました」

隅切り面の新しい扉にはガラスと、彫金師で金箔師のピエール・グーティィエールによる、王妃の組み合わせ文字を配した、金箔を施したブロンズの素晴らしい掛け金が付けられた。一七八一年四月一三日、ちょうど王立製作所から届けられた、錫で裏張りした鏡は、アルコーブとその向かい側の切断面に設置された。木彫装飾について、マリー・アントワネットは、一八世紀末のもっとも偉大な彫刻家で室内装飾家であるジュール＝アントワーヌと二人の息子、ジュール＝ユーグ、ジュール＝シモンのルソー親子の力を借りた。彼らはそこに初めて「アラベスクスタイル」を展開した。ただ単に「王の白」（非常に薄い灰色）で塗られた装飾のない羽目板が、直に彫られて金箔を施された繊細な花飾りでふちどられ、上部と下部に施された部屋のテーマに関係する華奢な模様と一体になっている。羽目板の上部から「垂れ下がる」模様と下部に「置かれた」木彫装飾模様は、非常に念入りな作りで、結婚の至福と王国の後継者の誕生を待つ気持ちをかき立てる。矢が突き刺さり、ユリの花飾りのついた王杖で貫かれた心臓が、王の愛と庇護を表し、燃えている松明、バラの上に伸びる茎、バラを編んだ冠、実物通りに描かれたユリに囲まれたイルカ［王太子を表す］、ユノー（ユピテルの妻）の孔雀とユピテルの鷲は国王夫妻の結婚を祝福する。調和をさらに完璧なものにするため、彫金の名人フォレスティエは、ガラスをはめた扉の上に、木彫の金の花飾りをブロンズで追いかけるようにくわえた。装飾に固有の様式化と自然主義の間の完璧な混合を見せるスタイルである。手仕事によって、それぞれの花が他とは違い、震えているように見える。

改修が終わると、青いグレナディンシルクに覆われた最初の家具が一七八一年五月に届けられ、次の秋には、カパンの届けた刺繍のある白いサテンを張った豪華な家具に取り替えられる。高級家具師のジャン＝アンリ・リーズネールは、部屋のカーテンや飾り紐に似せてブロンズの装飾をした素晴らしい寄木細工のコンソール［壁に取り付けられた一八世紀の装飾用テーブル］を届けた。上部が石化した木でできた燭台、赤色縞瑪瑙の壺、赤と白の縞模様の飾り鉢、口と土台に金メッキのブロンズがついた中国磁器の対になった水差しなどの高価な工芸品が、部屋の装飾を仕上げる。一〇月二二日、王妃は男子の世継ぎをこの世に送り出して、王国の期待にこたえた。

金色の間《キャビネ・ドレ》［またはグラン・キャビネ］

内側の部屋のなかでも、もっとも工事が大がかりだったのは、二階の部屋のうちの主要な部屋である金色の間だ。二〇平方メートルの面積に、西側の「王太子の」とよばれる小さな中庭を取り囲むバルコニーに面したフランス窓から採光している。部屋の奥の暖炉の左側に隠れた扉があり、小さな裏部屋につながっているが、これがマリー・レクザンスカの「詩人の間」である。マリー・アントワネットは義理の母にあたる故王太子妃［ルイ一六世の両親は王太子夫妻のまま死去］、マリー＝ジョゼフ・ド・サックスが所有していたヴェルニ・マルタン［一八世紀初期、パリのマルタン兄弟が開発した漆塗りに金泥仕上げの技法］で一段と引き立てられた田園風景画とともに、そこに自然色で彩色した魅力的な造作をくわえることにした。工事は一七七九年に始まる。光を最大限取り入れるために、ソファーを据え、「特別に大きい」鏡を取り付けた広いアルコーヴが、フランス窓の正面に配置された。続いて古くからの板張りが、リヨンの絹織物業者の真の偉業ともいえる、アラベスク、花、メダイヨン［円形や楕円形のモチーフ］の刺繍をした白いブロケード織のサテンを用いた、驚異的な繊細さの壁布に取り替えられた。シャルトンが届けたこの絹織物は、それだけで一〇万リーヴルと、天文学的な金額だった。

それなのに、マリー・アントワネットは、四年もしないうちにすべてを板張りにするため、取り外させる。確かに、この高価な室内装飾の花やメダイヨンの豊かな色彩は、彼女の新しい日本の漆塗りのコレクションの黒と金の色調には調和しなかった。全部で六八個の独創性に満ちた形の容器の大部分は一七八〇年に母親のマリア・テレジアから引き継いだものである。ヨーロッパでもっとも重要なこの貴重なコレクションとの調和を考え、リーズネールは、一七八一年七月に漆のコーナー家具二個、続いて四カ月のちに、漆器を飾るための「漆器のケージ《カージュ・オ・ラック》」と呼ばれる九段の棚のついた漆と金メッキしたブロンズでできた戸棚を届けた。そこで一七八三年五月二八日には、部屋の全面的改修が検討され始めた。ミックの監督のもと、ルソー兄弟は王妃にエトルリア趣味や生まれつつあったエジプト趣味を取り入れた古代風の装飾を提案した。たとえば大きなスフィンクスの脇にアテネの香炉がある、といったモチーフである。この新しい装飾によって以後この部屋は「金色の間《キャビネ・ドレ》」と名づけられる。日が暮れて、内装がろうそくの灯りにきらめく様子はほんとうに見ものだった。全体の仕上げに、リーズネールは一七八三年八月三〇日、黒い漆器のライティングビューロー、整理ダンス、コーナー家具を納入した。この洗練された反論の余地なく前代未聞の完成度を持つ調度品は、デザインの巧みさ、絶妙なバランス、ブロンズの名人芸で、フランスの高級指物細工の技術の頂点を画している。

これら二つの小部屋では、内装、金箔、色彩、形、家具と工芸品が金具の細部にいたるまで完璧に調和し、全体として一つの芸術作品、ピエール・ヴェルレ［一九〇八〜八七、フランスの美術史家］の美しい表現を用いるなら、永遠にフランスの審美眼に結びつく「調和の妙なる響き」を構成していた。

抑制のきかない速さで

「伯爵殿、王妃は今朝ヴェルサイユへ戻られました。到着と同時にアパルトマンへ上がり、そこで王にお会いになりました。王妃陛下が内側の小部屋の工事がうまくいっていることに満足を表明なさると、王は、貴殿が問題の工事がマルリから帰るまでに絶対終わるよう明確な指示をなさったおかげで、人々がその指示を熱意と最大の活力をもって実行したからだ、とお答えでした」「局長殿に謹んでお伝えします、王妃がわたしに寝室付きの小姓を使いによこして、日曜日の朝到着するまでに仕事が終わっているようにとのことでした」「王妃の新しい小部屋についてはご安心ください、伯爵殿。命令された他の工事すべてと同様に、完成すると断言できるのではないかと存じます。たいへん迅速に進んでおります」等々。ダンジヴィエ伯爵へのウルティエの報告は、「目標を達成する」ため、つまりマリー・アントワネットがマルリかフォンテーヌブローあるいはコンピエーニュから戻る前に工事を終わらせるために、決まって、もっと急ぐ必要があることをたえず思い出させるものばかりだった。

職人たちと監査官たちは、王妃の気まぐれな要望にできるだけすばやく従った。つねに「急いで完成」させるため、請負業者たちは作業員を増やすとともに、職人は倍の努力をし、昼夜交替で働いた。たとえばルソー兄弟と金箔師デュタンは、彼らふたりだけで、キャビネの現場のために二二〇人から二三〇人の労働者を雇った。財務局は建設局の契約を守るのに苦労し、支払いは際限なく遅れたため、業者は危険にさらされた。献身的に仕事をしても借金がかさみ、たえず前金を要求せざるをえなくなったし、常に工事中断の恐れがあった。

そしてまもなくもう一つの新しい図書室を作る話となる。熱心な司書のカンパンは、大量の書物を購入したので、もはやどこに置けばいいかわからないほどになった。そこでマ

２階にある王妃の内側の小部屋の平面図

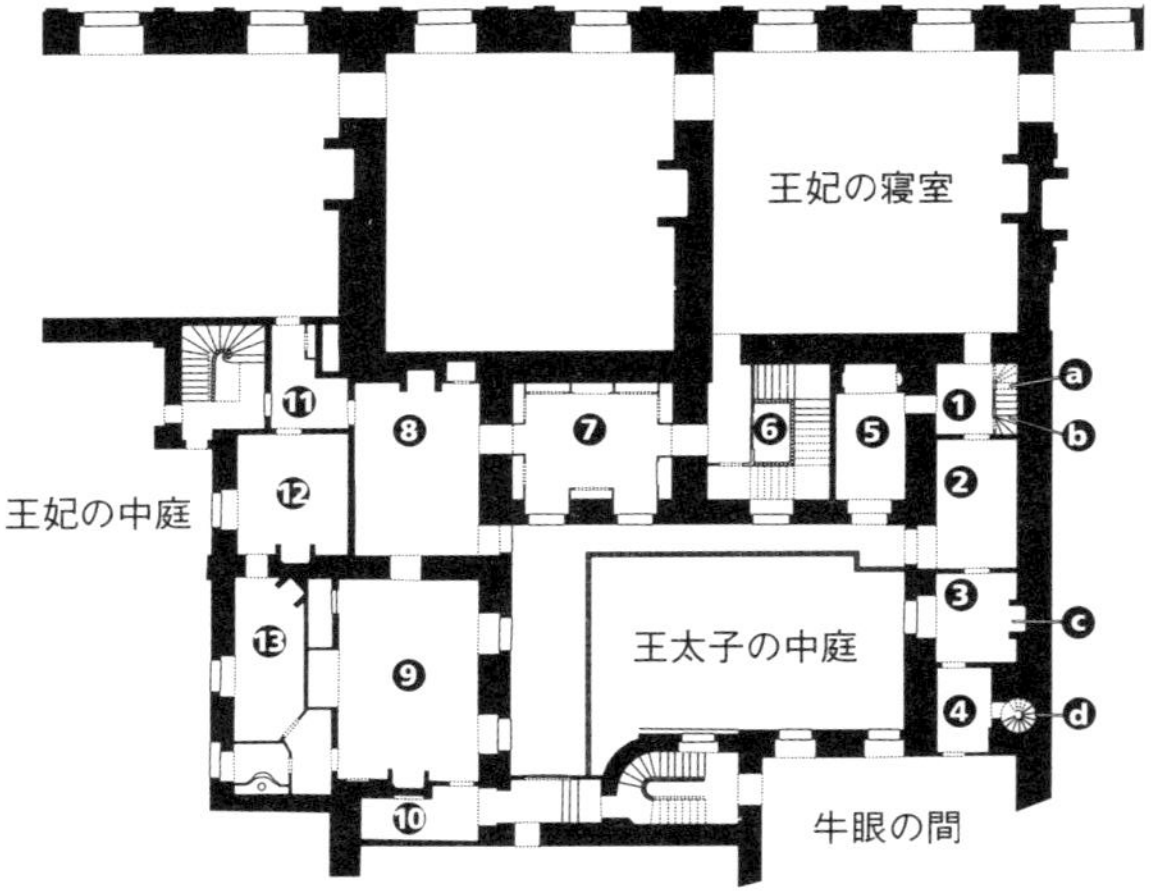

❶ 椅子の部屋
❷ 化粧部屋
❸と❹ サービス部屋
❺ 椅子の部屋
❻ のちのメリディエンヌの間
❼ 図書室
❽ 補助図書室
❾ 内側のグラン・キャビネ、別名「金色の間《キャビネ・ドレ》」
❿ マリー・レクザンスカの詩人の部屋
⓫ 控えの間
⓬ 浴室
⓭ 入浴の寝室

ⓐ 上の中２階と３階のビリヤードの部屋に通じる階段
ⓑ 下の中２階、王妃の衣装部屋、王太子のアパルトマンに通じる階段
ⓒ 王の廊下に通じる階段
ⓓ ３階のキャビネのサービス部屋へ通じる階段

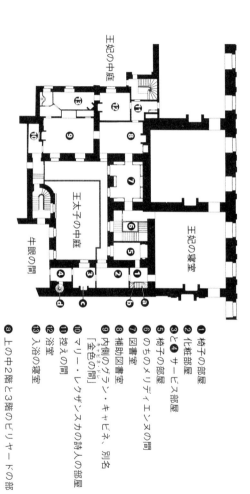

3階にある王妃の内側の小部屋の平面図

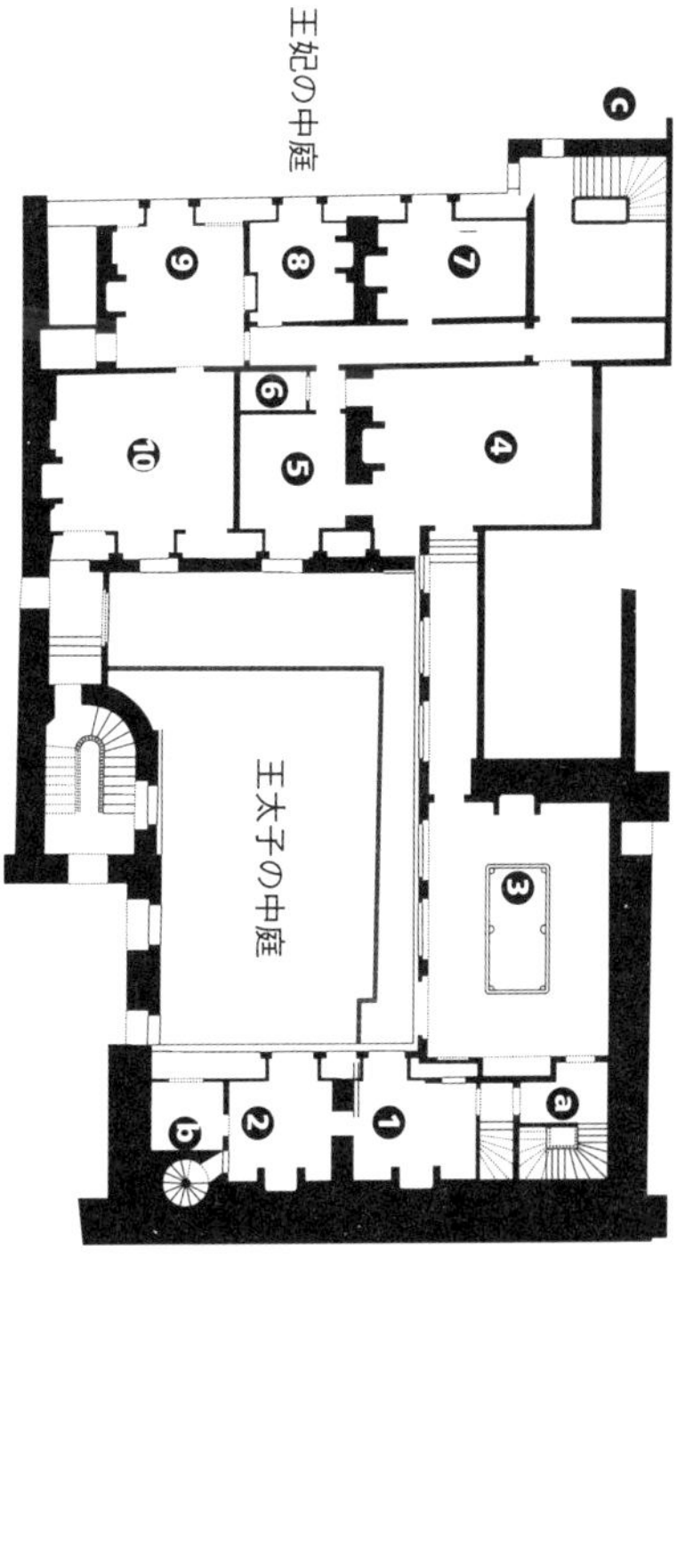

❶と❷ 王妃のサービス部屋
❸ ビリヤードの間
❹ 王妃の食堂
❺❻ ブードワールと衣装部屋
❼ 王妃のサービス部屋
❽から❿ 王妃の寝室付き主席女官の部屋

ⓐ 2階の大寝室の後ろの小部屋へ通じる階段
ⓑ 中2階と2階の小部屋に通じる螺旋階段
ⓒ 2階の小部屋の控えの間⓫に通じる階段

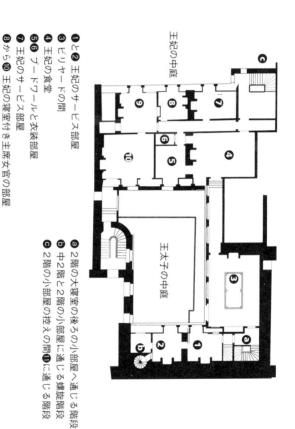

リー・アントワネットは、寝室付き女官に割りあてた部屋を、取り戻して図書室を追加した。

「数冊の小説を除いて、王妃が本を開いたことはない」と裏切り者のブザンヴァル男爵は言うだろう。そんなことを言うのは裏切り行為だとしても、実際、豊富な書物を集めた図書室はマリー・アントワネットにとって勉強部屋というより、一人きりで、時にはウィーンでは家庭教師だった忠実な朗読係のヴェルモン神父とともに、くつろげる新しい場所となった。そうは言っても、その蔵書は彼女が何に興味を持っていたかを語っている。そこにあったのは、科学、旅行、政治、イギリス史、著名な人物の伝記、文学の新作、詩や小説、版画集、好きな作曲家の楽譜などだ。

二階にあるその他の小部屋は、一連のさまざまな便宜のための部屋である。東側には、大理石が敷かれ、暖炉、リネン用の低い戸棚、化粧用品の高い戸棚を備えた浴室、王妃が、医師たちが勧めるように、「入浴の疲れ」を癒すための入浴の寝室、そして椅子型便器を置いたトイレがある。西側には、寝室付き女官たちが大寝室の夜の家具をかたづけるための椅子の部屋、王妃の髪を結い、化粧し、香水をつける化粧部屋、牛眼の間の二重扉に面した寝室のサービスに当てられた小部屋で構成される三種の裏部屋がある。

私生活の喜び

王妃はその小部屋で何をしていたのだろう？　そこへ近づくことは厳しく制限され、寝室付き女官は特別な数人しかそこへ入れないよう、名簿を持っていた。マリー・アントワネットは毎日そこに入っては、朗読係と本の話をしたり、手紙を口述したり、刺繍に熱中するのだった。幼い子どもたち、マダム・ロワイヤル、ルイ＝ジョゼフ、ルイ＝シャルルと過ごすのもこの部屋で、養育係をしている友人のポリニャック公爵夫人が毎日連れて来ていた。慣習に反することだったが、王妃は手ずから子どもたちの世話をしたいと願い、優れた本をあたえて「彼らの知性を目覚めさせよう」と気を配り、ためらわずに愛情をはっきりと伝え、一緒に目隠し鬼などをして遊んだ。母親になったことがマリー・アントワネットを変え、それまで送ってきた軽佻浮薄な生き方に歯止めをかけたのだった。

グラン・キャビネ［金色の間］では、モード商人ローズ・ベルタンに二人きりで会い、時間をかけて入念に、ドレスの生地や最新流行のアクセサリーを検討し、装身具のさまざまな調整をした。この王妃と「モード大臣」の個人的な「会議」もまた、宮廷のエティケットと責務を覆すものだった。というのも、それまで業者の相手をしていたのは、当然に衣装係の女官だったからだ。

音楽をたいへん愛したマリー・アントワネットはそれらの部屋に、お気に入りの作曲家グルック、王妃付き音楽隊の監督グレトリ［ベルギー出身の作曲家］、さらに恩師であるピアノのヘルマン、歌のラ・カルド、ハープのヒンネルらも招いた。カンパン夫人によると、王妃は「毎日午後に」グラン・キャビネで内輪のコンサートを催した。彼女は歌を作るのが好きで、歌うことも好きで、午前中習ったことを小さな聴衆の前で披露するのを楽しみとした。また、実際の姿を描くことを許されていた数少ない肖像画家のために、ポーズをとったのもここである。こうして長い時間を一緒に過ごした同い年のルイーズ＝エリザベート・ヴィジェ＝ルブランとは友情をつちかうことになった。画家がその『回想録』の中で語っているように、時にはグレトリの曲を二重唱で歌うために、彼女をよぶこともあった。「わたしが良い声だと聞きつけるとすぐから、肖像を描きにうかがう度にグレトリの二重唱曲をいくつも一緒に歌わせていただきました。音程が非常に正確だというわけではありませんが、音楽を深く愛していらしたのです」

「王には私生活の喜び以外欠けているものはない」とラ・ブリュイエールが『カラクテール』の中に書いている。「このような大きな欠如は、友情の魅力、友人たちの誠実さによってしか慰められない」。エティケットと、長い間不満足だった結婚生活に縛り付けられた「マリー・アントワネット様の心は、友情を必要としていらした」とラ・マルク伯爵がその書簡に書いている。そこで王妃は女官たちからなる公式のサークルを遠ざけ、規則や地位や上席権を覆して自分で「心の友」を選んだ。フランスの王妃が幸福——ルソーが『告白』の中で称賛したこの近代思想、ルソーによれば、完全な幸福は日常生活の瞬間の中、母としての幸福、夫婦の幸福、友情の幸福にある——を切望したのは初めてのことだった。ランバル公妃、ゲメネ公妃、ポリニャック公爵夫人、義弟のアルトワ伯、コワニー公爵、王妃が「お兄様」とよんだエステルハージー伯爵、ギーヌ公爵、ヴォードルイユ伯爵、名高い女たらしの一族の末裔「美男のロザン」、そしてブザンヴァル男爵が「王妃のサークル」を構成していた。彼らの好きな活動は、賭け事——とくにファラオンという、常習におちいりやすいカードゲームで、それが原因で宮廷人の中でも多くの破産者が出ていた――と会話である。ブザンヴァル男爵の鮮やかで、自由闊達で、当然ながら手きびしいエスプリが、この小さな集まりを大いに楽しませた。弁舌さわやかに人を煙に巻き、うっかりしてのように、会話の中に棘のある言葉を投げ込み、突然優雅にそれを引っ込めるのがだれよりもうまかった。王妃のとりまきの間では、会話はいつも軽い。当節話題の小話を、必ず噂や中傷を加えて話し、見にも行っていない芝居の話をした、とピエール・ド・ノラックがおかしそうに語っている。「客の入りはどうでした？　という質問が必ずされ、だれかしらがお辞儀をして答える。『マダム、人っ子ひとりいませんでした』。それは座席が空だったというのではない、おそらくは満席だったのだが、金融業者とブルジョワと田舎者しかいなかったという意味なのだ。王妃たちの会話の調子はこんな風だった」

サービス部屋と秘密の通路

大寝室の扉の裏にある廊下には、二つの小さな階段があり、そこから行くことができる中二階のいくつかの部屋は、寝室のサービスに属している。三部屋で構成された下の中二階は、衣装と装飾品関係だ。どの部屋も引き戸の戸棚、コートハンガー、王妃の衣装を広げて、点検し、汚れを落とし、アイロンをかけて畳むための広いテーブルをそなえていた。寝室付き主席女官たちは、小部屋の管理において主要な役割を果たす。この信用できる女性たちは、王妃のへそくりの管理や宝石の保管もまかせられている。主席女官たちは、一二人の——そのうち二人が毎日仕事にあたる——寝室付き女官を監督する。サービスはその他多くの仕事をふくむが、その中にはトイレ係、寝室付き門衛と従僕とボーイ、衣装係女官と従僕とボーイ、キャビネの秘書、裳裾持ち小姓——とくに名誉な仕事で、王妃のドレスの裾を持つ——朝ベッドメイキングに来て、夕方は覆いをとる寝室付き小姓タピシエ、髪結い、入浴係、床磨き、王妃の肌着の洗濯係、暖炉の火をかきたてる暖房係がある。

中二階に降りる階段から有名な「王の廊下」に出られる。ルイ一五世によって整備され、ルイ一六世よって手を加えられたこの中二階の長い廊下は、昼夜を問わず照明され、牛眼の間と鏡の間の下を通って、王妃の大寝室と王の新しい寝室［ルイ一四世は宮殿の中心にある寝室を使ったが、あまりの寒さにルイ一五世は場所を移した］を、人目につかずに連絡させている。この秘密の通路のおかげで、国王夫妻は多少のプライバシーを守ることができた。王妃が王とともに仮面舞踏会へ行くとき、二人は通路でおちあって、パリへ行くために大理石の内庭のところで待っている馬車にこっそりと乗った。古い記録によると、これらの狭くて暗い通路や廊下や階段は、暗さに対抗して、球形のランプで照らされ、壁にはベリー産の白いラシャが貼られていた。安全のため、階段のもっとも危険な段には、やはりベリー産のグレーのラシャが貼ってあった。

王妃のビリヤード

鹿の中庭を囲んで三階に広がる王のキャビネにならって、マリー・アントワネットは、それまで王の寝室付き従僕と寝室付き女官と女官長シメイ公妃に割りあてられていた部屋を自分のものとして併合して、自分のプライベイートなスペースを宮殿の三階へ広げることを考えた。一七八四年、ビリヤードの部屋を再整備させたが、その内装には、賢明なことに、前年に金色の間から取り除いた花とメダイヨンが刺繍された見事な絹を再利用する。ヴェルサイユでは、ルイ一四世の治世から、ビリヤードは宮廷でもっとも好まれた娯楽の一つだった。象の門歯から切り出した象牙を金で飾り、MとAの組み合わせ文字のついた美しいキューを手に、マリー・アントワネットはそこで友人たちと激しく競った。

ビリヤードの隣には、王妃は今日「フェルセンの部屋」といわれる小さな部屋を自分の便宜のために、王の寝室付き従僕から取り上げて整備した。東側で廊下は、せり出したテラスに面した広い食堂に、それから主席寝室付き女官とシメイ公妃のためのいくつかの部屋に通じていた。シメイ公妃は南翼棟の三階に一二室で構成されるアパルトマンを持っているにもかかわらず、ここにも部屋があった。

空間、空気、光

内側の小部屋は凝ったつくりではあっても、二つの暗くて小さな中庭を囲んで展開している。そこがこれらの部屋の主要な欠点だった。建築家たちは競って陽光を取り入れる工夫を考えた。大きな窓の設置、光を反射するように、完全に鏡におおわれたアルコーブを置く、羽目板には白ときらめく金色を選ぶこと。だが、年月がたつにつれ、王妃はこの陰気な光景に飽き、小部屋の狭苦しさにも悩まされはじめた。新しいアパルトマン、彼女のための、独立した、居心地が良くてもっと明るいアパルトマンが必要だった。一七八一年、偶然の出来事でこの願いがかなうことになる。三月三日、宮廷は喪に服していた。ルイ一五世の娘の一人であるマダム・ソフィーが亡くなったのだ。彼女は一七六九年以来、宮殿のもっとも美しいアパルトマンの一つを使っていた。主要棟の一階にあるこの広いアパルトマンは、一方から大理石の内庭、もう一方からは庭園が見渡せ、光にあふれている。またとないタイミングだった。マリー・アントワネットはただちに、この素晴らしいアパルトマンを譲ってくれるようルイ一六世に頼む。こうして王妃は以後、宮殿の中に二カ所、プライベートな空間をもつようになる。

彼女の夢は家族のアパルトマンを作って、今は養育係とともに南翼棟に引き離されている子どもたちを、そこに住まわせることだった。一七八三年、当時五歳だった長女マダム・ロワイヤルを引き取るが、数カ月後には厳しい批判と、子どもの世話が引き起こした混乱を前に、あきらめざるをえなくなる。王妃はその失望を、大理石の内庭に面した新しいアパルトマンの整備にまぎらせる。

彼女の新しい工事が始まる。もちろんこのアパルトマンと二階の小部屋をつなぐ階段を作らせることから始める。それから北側に新しい寝室を整える。中央の、ルイ一四世の寝室の下にある、漆喰に風景と唐草模様が描かれたマダム・ソフィーの素晴らしい図書室は保存することにする。鹿の中庭側で、アパルトマンにサービスのためのいくつかの副次的な部屋が補充された。一七八七年の初頭には新しい喜びがあった。王太子が七歳になろうとしているので、伝統にのっとり、「女性たちの手」から離して養育掛ダルクール公爵の指導のもとに置かれることになったのだ。そこで息子は公式に、王妃のプティ・アパルトマンのすぐそばにある王太子のアパルトマンに住むことになる。より容易に息子を抱きしめにいけるよう、マリー・アントワネットは王太子のグラン・キャビネ［主室］と二階にある彼女の小部屋を結ぶ新しい階段の開設を求めた。この階段には、青い絹で包まれた「馬術用の紐」が、大人用と子ども用の二つの高さについていた。その上この新しいアパルトマンのおかげで、王妃は下の息子「シュー・ダムール（おちびちゃん）」「ルイ・シャルル」が遊ぶ南翼棟のテラスとも同じ階に居ることができた。

入浴の楽しみ

マリー・アントワネットは毎年、自分のため、王のため、息子のために、よりいっそうのスペースの植民地化をはかった。「王妃は、自分の小部屋につけたすために、王太子殿下の寝室付き主席従僕の住居だったところを占領しました」。一七八八年七月一〇日、ウルティエがダンジヴィエ伯爵に知らせている。二階にある浴室よりずっと広い新しい浴室を設置するために、ド・ブルセ氏を立ちのかせたのだ。四〇平方メートルを超える立派な浴室には、浴槽とベッドが置かれた。四月、王妃は寄木張りの床を白と黒の大理石の格子柄に取り替える。床が完成するとルソー兄弟は再度、さらなる力を発揮して、エレガンスの極致と言える内装を実現した。水にちなんだモチーフ——ザリガニ、白鳥が水を飲む水盤、葦とイグサ、ホラ貝に乗ったイルカ、化粧道具一式を飾ったトロフィー、珊瑚の枝、貝殻をあしらった唐草模様が、今回は灰青色の地に白で、ウェッジウッドのカメオのように浮き出して描かれた。七月には、浴槽の配管が設置される。すぐ上の中二階に置かれた水槽室から来る配管のおかげで、ブロンズ製の二羽の白鳥の首からお湯と水が浴槽に供給された。薪の管理係の召使が水槽に入れた水は火の上で温められ、蒸気はダクトを通って屋根の方へ排出される。

水は、毛穴を広げて病気を侵入しやすくするという信念から解放されて、一八世紀は「湯あみの楽しみ」を再発見する。マリー・アントワネットはほとんど毎日入浴した。カンパン夫人が語っているように、王妃の二人の入浴係は「バン・ド・モデスティ［慎みの湯の意味、良い香りがして皮膚を柔らかくする、アーモンドの粉やオレンジの皮、菖蒲の根などの香り袋を入れた風呂］」を準備する。つまり錫メッキした銅製の浴槽を、肌を金属との接触から守るため、刺繍のあるレースの麻布で覆い、浴槽にお湯を満たし、王妃の手袋職人であり調香師のジャン＝ルイ・ファルジョンが用意した香り袋を底におくのだ。それから、襟のところまでボタン留めしたフランネルのロングドレスを着て、マリー・アントワネットが花のエッセンスの香る浴槽に入る。カンパン夫人によると、ある日など、王妃は風呂に入ったまま朝食をとったという。

「浴槽の蓋の上にお盆を置きました。ここでこんな細かいことを書くのは、王妃がとても質素でいらっしゃることに敬意を表するためにほかなりません。節度の点でも傑出しておられます。朝食はコーヒーかココアと一緒に召し上がります。昼食には白身の肉［子牛、鶏肉など］しか召し上がりませんし、飲み物も水だけ。夕食はスープと鶏の手羽肉、それにグラスいっぱいの水に小さなビスケットをひたすのです」

入浴の後、寝室付き主席女官が、女官たちの目から隔離するように王妃の前に布を高くかかげ、それを肩に投げかける。カンパン夫人は続ける。

「入浴係は王妃様を包んで、完全にお拭きします。王妃は次に非常に大きくて非常に長い、全体にレースのついた開衿のシュミーズ、さらに白いタフタのゆったりしたガウンをお召しになる。（…）このような格好で、王妃はベッドへ向われ、入浴係と寝室付きボーイが入浴に使われたものをすっかりかたづけます。ベッドに戻られると、書物かタピスリー刺繡を手に取られたものです」

最後の工事

マリー・アントワネットが退屈しのぎにひたっていたパーティーや娯楽、常軌を逸したモードに対する関心の大半は、一七七八年の、最初の子どもの誕生からはやんだのだが、王妃をあおった装飾や調度を変えたいという欲求は、逆にめまぐるしいリズムで続いたことを工事の計算書が明らかにしている。

統治の終わり頃には、絶えず入れ替わる彼女の願望はどんな抵抗も認めなくなっていた。数多の新しい間取りや装飾の改修を命じながら、予算の制限を設けず、遅延はさらに認めなかった。とくに同じ場所についての命令と、それに次ぐ命令の取り消しが頻繁に出され、一度完成したと思うと、そこからまた新たな変更が発生する。監察官ウルティエからダンジヴィエ伯爵への、プティ・アパルトマンの工事にかんする一七八五年一一月八日付けの報告は、こうした事情を明白に証言している。とり壊しとやりなおしのゲームを遂行することで、王妃はしだいに多額の資金を必要とする王の建築局を、「逆上させるほど」困惑させた。「このたびは、業者にとって、監督官にとって過酷でした。労働者が非常に少なかったのです。(…)六〇人の労働者をかかえるアトリエで、二〇人すら集められない週もありましたから。いっそう悪いことには、昨晩王妃から急ぎの命令が来て、ボヌフォワとかいう男がもってきたのですが、以前マダム・ソフィーの図書室だった王妃陛下の漆喰壁《スタッコ》の小部屋をすべて変えるというのです。王妃のお考えは、(…) さまざまな色の薄布を通してこの部屋を間接的に照明できるような明かりを置くために、補強としてスタッコにはめ込んで鏡でおおった戸棚を、すべて取り除くということでした。例によって例のごとく、大急ぎで、われわれはこの骨の折れる仕事にとりかかりました。少しずつはがすしかなく、戸棚の解体に夜の大半を過ごしましたが、この戸棚に張りついていた数カ所のスタッコは破損しました。ところが今日になって、別の送達史が新しい命令をもってきたのです。それによると、すべてはそのままにしておくか、王妃が戻られるまでに元どおりにしなければならないということで……まったく頭がおかしくなりそうです!」

翌年、マリー・アントワネットは、老ガブリエルが墓の中でひっくり返るような計画を提案する。戦争の間と鏡の間に連なる平和の間《サロン・ド・ペ》の大理石のマルケトリ(寄木細工)を、もっと快適な板張りに変えたいというのだ。ゲーム室として利用するが、参加者が多いので「熱気で大理石が熱くなってすべる」というのがその理由だった。一七八六年一一月三日、ウルティィエは、王妃が打ち明けずに望んでいることについて、ダンジヴィエ伯爵に警告している。サロンを木細工《ボワズリ》で覆い、絵画を可動式の天井でおおうことである。王妃はまたこの工事を利用して、大寝室のロカイユ［ルイ一五世時代に流行した貝殻を思わせるような木彫装飾で、これを用いた内装様式をロココ様式という］の細工を取り替えたいと思っていた。「寝室には新しい細工が必要です。現存の陛下が金箔を要求しているものはすっかり使い古されて傷んでいるからです。部屋の大部分は布製なので、ボワズリそのものはそれほどでもありませんが、天井は全面的に金箔を貼り直す必要があります」。控えの間の天井も同様だ。「大膳式の間のボワズリが昨年作られたので、天井もゲームの間と同様おおわなければならないでしょう」。これが、マリー・アントワネットがルブランの輝かしい装飾に対して運命づけたことだった。だが非常に幸運なことに、この計画が実行されることはなかった。

場所が描く肖像

ヴェルサイユでは場所は言葉である、ルイ一四世の時代、そのようにいったものだ。王の愛妾が王のアパルトマンに近いアパルトマンに住むとき、その寵愛の程度は窓の数で測られた。そして一階へ落ちるなら、それは失脚のなにより確かな証拠だった。一世紀後、マリー・アントワネットの自由と私生活への意欲は、プライベートなスペースの拡大と、気分に合わせて開設したり閉鎖したりした通路や階段に読みとれる。このような改修をおこなわせた順序を研究し、彼女の人生の出来事と、設計図、業者の計算書、建築家や監察官の報告書とをつき合わせてみることで――これらは必然的に客観的なので――おそらく王妃の表面からでないもっとも公平な肖像が浮かんでくるだろう。

マリー・アントワネットは、毎年宮殿の奥へ奥へと後退した。自分の小さな迷宮に引きこもり、仕切り壁、扉、通路を無限に変更し、元あった入口を塞ぎ「自分のところ以外からの入口は望まない」とダンジヴィエ伯爵に明言した。鍵や錠前が、象徴的と同時に具体的にあちこちにある。一七七〇年に彼女がここにやって来たとき、マダム・アデライードが宮殿の私的な廊下の鍵をわたしてくれた。そこを通れば、一人の従者もなしで、誰にも気付かれずに、叔母たちのアパルトマンへ行って、彼女たちに内密に会うことができた。一七七四年五月二四日、ルイ一六世は彼女にプティ・トリアノンの鍵をプレゼントする。一七八一年、マリー・アントワネットはメリディエンヌの間のガラスの扉に、中から閉める大きなブロンズの差し錠を取りつけさせた。そしてついに、一七八四年二月二八日付のミックからダンジヴィエ伯爵への手紙が、大理石の内庭に面した寝室の扉に、遠くから自動的に閉められるシステムを設置させたことを明かしている。

「伯爵殿、ご注文に従って、錠と作動機構の二通の見積書をおわたしします。ジュボー氏が宮殿の王妃の寝室に作製した、ベッドから思うままに扉を開けたり閉めたりできるものです」

この宮殿での領土拡大は、その人に対してはだれもノーと言うのができなかったこの王妃の、フランス史におけるユニークな地位も明らかにしている。すでに老ルイ一五世も、王太子妃にはなんでもあたえていたし、ルイ一六世の権威も一度として王妃の要求にブレーキをかけることができない。プロヴァンス伯妃も指摘しているように、「王妃は良い性格をおもちです。何かが欲しいときあきらめない。そしていつも目的を達成させるのです」

こうした改修工事への熱中は、プライバシーの狂おしいまでの追求の証拠であって、哀れさえ感じさせる。ヴェルサイユの、トリアノンの、マルリの、フォンテーヌブローの、サン＝クルー、あるいはランブイエの大切な小部屋群。一七八九年まで、これが彼女の世界で、その向こうの世界の現実は靄の中だった。プティ・トリアノンで、彼女の窓の前に描かれた日常の風景は、自然の戯曲の一つでしかなく、そこにある草の細い茎は描かれたものであり、農場の「真っ白でおとなしい」やぎは選ばれたものだ。あちこちに広がる「特別に大きな」鏡が彼女の清潔な世界を無限に反射する。有名な動く鏡の部屋の中では、窓そのものも鏡で隠されて、仕掛けによって地下から上がってきて、部屋を外の世界から完全に切り離していた。魔法にかかった王国に閉じ込められ、王妃は言葉の本来の意味での世界を見ていない。彼女には首都のとどろきも聞こえていなかった。

　この改修工事を終わらせることができるのは革命しかないだろう。一〇月六日正午ごろ、パリへ向かって出発する前、ルイ一六世は宮殿を陸軍大臣のジャン＝フレデリック・ド・ラ・トゥール・デュ・パン・グヴェルネにゆだねた。カンパン夫人がわたしたちに、王妃があれだけ愛した小部屋での最後の瞬間を教えてくれる。「わたしは、パリへの出発の直前、王妃陛下がお一人で部屋にいらっしゃるのを見ました。ほとんど口をきくこともできず、涙があふれるお顔に、身体中の血が集まっているように見えました」

人がいなくなった宮殿の静寂の中で、召使いたちは空虚な部屋部屋の保全を続け、職人たちは一七九〇年一月まで、王妃が出発前に命じていた地面のかさ上げ工事を続けた。翌年、デュテム兄弟は中二階と一階の窓枠、及び寝室の落とし天井の塗りなおしを担当している。これがアンシャン・レジーム下での最後のヴェルサイユ宮殿改修工事の計算書だった。

第4章

プティ・トリアノン

ジェレミー・ブノワ

おそらくはここが、マリー・アントワネットの思い出ともっとも確実に結びついている場所である。エレガンスと良い趣味《ボン・グー》のシンボルであるプティ・トリアノンは、今日王妃のファンがかならず訪れるべき場所となっている。だがじつは、王宮というより夢に見たような空想の館といった風情のこの田園の小さな城館は、装飾も家具も、マリー・アントワネットの痕跡をほとんど残していない。実際、王妃がこの館の美的改造に取り組んだのは非常に遅くなってからで、その後思いがけなく革命が起こったため、自分の趣味や時代の流行に従って変貌させるまでの時間がなかった。学芸員たちは革命の売却の際に分散したものを特定し、マリー・アントワネットの時代の雰囲気を再現しようと骨をおっているが、観光客にとってはどうでもいいことのようだ。人々は知識をえようと思ってくるのではなく、モードの巫女であり、われわれの時代の前兆となったと言われる社会のモデルである王妃の幻影にひたって、感動し、王妃が生きたままのこの城館を体感し、彼女のシンプルで優雅で軽薄な暮らしを感じとりたいと思ってここへやって来る。

ファンタジーの建築

建築家アンジュ＝ジャック・ガブリエルの傑作であるプティ・トリアノンは、当初からルイ一五世が愛妾デュ・バリー伯爵夫人と過ごす、愛の私的な領分と解釈されてきた。だが、この館が建設されたのはこの女性のためではなかった。憂鬱の傾向が強かった国王に、当時の愛妾ポンパドゥール侯爵夫人が是非建設すべきだと背中を押したのだ。一七六一年のことである。ところが建物はなかなか完成せず、侯爵夫人は一七六四年に逝ってしまう。そこでその後王の愛妾となったデュ・バリー夫人が、一七六八年にできあがった新しい屋敷の最初の利用者となった。

プティ・トリアノンは自由で気まぐれな発想に満ちていたが、ガブリエルはそれを完璧に制御し生かすすべを知っていた。かなり狭い傾斜地に建てられたため、玄関が料理を温めるためのかまどのある台所《レショーフワール》や、その後ろの、半分は庭園の地中に埋った補助の台所と同じ平面にあるという特殊性がある。結果として、正面側から見ると三階建て、庭園側からは二階建てであり、王妃が主要階から直接行くことができる礼拝堂は、城館とは別の建物だった。実際、ブーローニュの森にあるアルトワ伯爵のフォリー（シャトー・ド・

バガテル）やヌイイのラ・フォリー・サン＝ジャムなど、ルイ一六世時代の「フォリー［熱狂という意味、行楽のための豪華な別荘のこと］」の先がけとなったこの小さな城館の中のどこに、礼拝堂をおけばよかっただろう？　食堂を出て礼拝堂に入ると、マリー・アントワネットは王族用の階上席に着き、他の人々は正面から階下の席に入った。しかしこの礼拝堂はあまり使われなかったにちがいない。マリー・アントワネットが王とともにミサを聴くことになっていたのは、ヴェルサイユ宮殿のほうだったからだ。

こうした建築条件の制約に対して、ガブリエルはなんとたくみに答えたことか！　さらには何の妨げもなく新しいスタイルの作品を生み出したのだ。プティ・トリアノンは「新ギリシア様式《ネオ・グレック》」の最初の実例であり、マリー・アントワネットが熱烈に愛していた古代への回帰の性格を持つ新古典主義《ネオ・クラシシスム》の直系の始祖である。立方体の建物の上部に欄干が巡らされ、装飾は非常に簡素だ。庭園に面した［西側］ファサードは、コリント風の柱頭の付いた巨大な円柱が主要階と屋階［二階と三階］を取り囲み、その他のファサードには同じスタイルのピラスター（付け柱）しかない［北側正面と庭園向きの北側はピラスターのみ、旧植物園を向いた東側はピラスターもない］。

可動式の鏡とテーブル

創造性の点で、内部も全体の構造に引けをとらない。階段室は新ギリシア様式の見本のような場所で、古代風の張り出しペディメント、そして階段の手摺りがあるが、これは金具製造職人フランソワ・ブロショワの作品で、卵型装飾とローマ風波型模様の中央にマリー・アントワネットは自分のイニシャルの組み文字AとMを配した。とはいえ、そこには一種の建築学的異端を見なければならない。これが二階から三階への階段を別にすれば、この館内での唯一の階段だからだ。ルイ一五世時代にはもう一つ別の階段があって、自分のアパルトマンやデュ・バリー夫人がいた中二階の小部屋から、誰にも知られずに植物園に出られるようになっていた。

これは完全に私的な人目を避けた階段だったが、すべての階を通っていた。マリー・アントワネットの要望によって、この階段のあったルイ一五世のアパルトマンのコーヒーの小部屋［ここで王は、家族のためにみずから焙煎した当時流行のコーヒーをいれて、楽しんでいた」は、二枚の鏡板が窓を覆う「動く鏡」の間といわれるブードワールに改造されてしまって、もう残っていない。こうしてこの階段は王妃によって一七七六年に解体され、「一階から二階へは」同じ唯一の大階段だけが王妃とその小さな宮廷の通る階段と、召使いが使う階段をかねるようになった。実際以前から、給仕係は食事を温める部屋から、この階段を通って二階の食堂へ料理を運んでいた。このように身分が入りまじることは、アンシャン・レジームのような階級社会において受け入れがたいものだったので、ルイ一五世も保温室の隣の果物貯蔵庫の中に、ショワジー城にあったような「動くテーブル」のシステムを設置することを考えていた。こうした接近を避けて、召使が貴族たちに接触することなく食事を用意することができるように、階下の果物貯蔵庫に置かれたテーブルが垂直に迫り上がり、バランスウェートの仕組みによって天井を開き、階上に位置する食堂に達するというものである。このようにしてすっかり準備されたテーブルが、茫然とする会食者たちの前に姿を現すはずだった。そうすればガブリエルはまた一つの驚きを用意することができたのだ。建築学的にはすっかり予定されていて、それが今も残っている。

だが残念なことに、機械技師ロリオの見積があまりに高額だったため、王は出費にたじろいで、この驚くべき計画はまったく実現されなかった。すべては現状にとどまり、召使たちはあいかわらずこのたった一つの階段で、貴族たちと行きかい続けた。マリー・アントワネットはこのアイディアを引き継いでいたのだろうか？　それはわかっていないが、果物貯蔵室が広すぎるので、王妃は建築家リシャール・ミックに、城館の裏にあるジュー・ド・バーグ〔環遊びの回転木馬〕へ、そしてさらに小劇場へ直接行ける通路の設置を依頼した。今日、王妃の優雅な仲間たちがこの大いに無骨な通路を通るのを想像するのはむずかしいが、贅沢なサロンに簡易な通路、城というものはまさにそんな風だった。

「わたしがあなたに贈る花束、それはプティ・トリアノンだ」

ピエール・ド・ノラックの表現によれば「えもいわれぬ建物」であるプティ・トリアノンの、幻想的で革新的なすべてが王妃の気に入らないはずがなかった。ルイ一五世が一七七四年五月一〇日に崩御したのち、その後継者ルイ一六世の最初の行為の一つが、妻にこの素晴らしい小さな城館をプレゼントしたことだった。王が王妃に言ったといわれている。「あなたは花が好きだという、わたしにはあなたに贈ることができる花束があります、それはプティ・トリアノンです」。真実か言い伝えかは別として、この言葉は、まだ王太子妃だった王妃が、この小さな建物に対して表明していたにちがいない強い関心をよく伝えている。若い王妃の策略をすぐそばで注視していた、在仏オーストリア大使メルシー＝アルジャントー伯爵が報告しているように「だいぶ前、皇女様がまだ王太子妃だった頃から、自分のものとしての別荘をたいへん欲しがっておいででした」。プティ・トリアノンを贈るというアイディアを提案したのは、一七七〇年以来の王妃付き女官で、マリー・アントワネットにあまり好まれず、「マダム・エティケット」というあだ名をつけられていたノアイユ伯爵夫人だったようだ。王妃の母、女帝マリア＝テレジアも「ほんとうに素敵な館」と形容したが、すぐさま、これを所有することで考えられる出費を心配した。いずれにせよ、王の贈り物は鍵をともなっていたが、それには五二一個のダイヤモンがついていたという。その後続く多くの過ちの最初のものだった。

プティ・トリアノンはおそらくその美しさのせいで、それ以上にそれがもたらした出費――それは結局それほどでもなかったのだが――のせいで嫉妬をかきたて、反王政の憎悪がそこだけに集中し、それがほとんど全面的にたった一人の王妃に向けられることになる。しかしこの人は、すべてを決めていた絶対的な女君主だった母親の手本を見ていたのではなかったのか？　そこまではいかないとしても、マリー・アントワネットはトリアノンでそれをしたかったのではないだろうか？　自分の城をもつことは、自分の流儀で統治すること？　以後トリアノンでは、すべてが「王妃の名において」おこなわれるようになる。召使は王室の制服ではなく、赤に銀色のモールをつけた王妃の従者の制服を着るようになり、そのことでルイ一六世はいわゆる弱みについて、自分の言い分を通すことができないのだと陰口をたたかれるようになる。ここからその後の評判と運命が作られていく。マリー・アントワネットは、パリの給水事業やシェルブール港創設の実現が示すように、自分が興味のあることだけにかまけている無能な夫の代わりを多くの点においてつとめるようになる。

王妃のほうは宮廷を支配する、さらにいえば、自分のとりまきを支配し、とりまきによって支配するつもりがあった。とりまきたちはジュール・ポリニャック伯爵の夫人ガブリエルのように、ときには極端なまでにこれを利用した。夫人は、画家ヴィジェ＝ルブランがわたしたちに伝えてくれている、実に天使のような顔立ちをした、魅力的な友だ。マリー・アントワネットの、上流貴族――しかし落ちぶれた――の妻に対する熱中は徹底的で、その家族に四〇万リーヴルの資金援助をした後に、その娘の持参金のため八〇万リーヴルをあたえ、義理の息子には大尉の称号をあたえ、義妹であるディアーヌを王妹付きの女官に任命、美しいガブリエル本人が王太子らの養育係になったとき、夫に公爵の爵位をあたえた。ルイ一六世は招待されなければトリアノンには来なかったが、そこでは退屈し、妻の気まぐれに笑い、そして支払いをした。マリー・アントワネットを見張る役を仰せつかっていたメルシーが「ポリニャックについて」書いている。「これだけの恩恵が、こんなに短期間に、一つの家族に利益をもたらした例はほとんどない」

レヴィ公爵がこの状況を見事にまとめている。「喜びと軽薄さの年頃にあって、最高の権力の陶酔の中にあって、王妃は我慢するのをきらった」と彼は書く。「君主というものは、慣習が彼らに課す厄介な拘束から解放されている、と彼女は思い込んだ。地位、仕事、見解、高貴な生まれは、もはや王一家と親しい関係を認めてもらえる資格ではなくなった」。王妃は軽薄でうわべだけの交際に夢中だったが、それについて人はたちまち非難すべき点を見つけるようになる、ときには「自分がそこにいなかった」という嫉妬から。だがこれは重大な落度であり、そのせいで彼女は宮廷を敵にまわしてしまう。プティ・トリアノンは、マリー・アントワネットのとりまきだけが出入りする場所になってしまったため、たちまち「プティ・ウィーン」あるいは「プティ・シェーンブルン」と非難されるようになり、そのうち、王妃自身が「オーストリア女」とよばれることになる。

主要階［二階］のアパルトマン

二階のサロンに入ったマリー・アントワネットは、快い驚きにとらえられたに違いない。花と果物籠が彫られた板張りの優美な内装は彼女の自然への好みにぴったりだったので、まるで儚《はかな》さに囲まれていたいというように、控えめで、淡く、微妙な濃淡の、非常に女性的な薄緑の優しい色調で塗らせるだけにした。しかしながら、大食堂にストーブを置くことで、この場所をもう少し快適にしようと考えた。煙を排出する煙突を隠していた格子が今も残っている。ストーブは、生まれ故郷オーストリア、彼女が懐かしく思っていたであろう、思い出の世界からきた、今までフランスにはなかったものだ。

大サロンに隣接する彼女自身のアパルトマンのいくつかの小さい改装工事にくわえて、主要階はこうして快適に暮らせるようにとの単純な道理に答えたもので、年間をとおしての居住という必要が導いたものだった。なぜなら実際、ルイ一五世と違ってヴェルサイユの宮廷が我慢できなかったマリー・アントワネットは、できるだけ頻繁にトリアノンで、生まれ故郷のオーストリアの宮殿でのように、自然により近いところで暮らしたいと思っていたからだ。ところでこうした長期の滞在は、王妃の従者として、宮廷の若い女性たちの陽気な一団をともなうことになり、彼女たちの住むところが必要になった。見かけの狭さにもかかわらずこの小さな建物は多くの可能性をそなえていて、王妃のアパルトマンに直接連絡する「二階と三階の間の」中二階と三階に分散させることで問題は解決したし、王妃だけのサービスのためにととのえるのはごく容易だった。

非常に不思議なことに、亡くなったルイ一五世は本来は彼だけのものだったはずの主要階のアパルトマンを愛人に使わせていた。デュ・バリー夫人が「お供の部屋」に続く三つの続き小部屋を所有するようになったのは、一七七二年のことだった。彼女はルイ一五世のもとの隠居部屋を寝室にし、王はこの違反がまねく危険におそらくまったく気づかずに、ふつうなら王の従者たちに充てられるはずの屋根裏階《アティック》［三階］で寝ることにした。そのせいで伯爵夫人は、ひどく憎まれ、すぐにこの過ちによる痛手を受けることになる。彼女は旧姓ベキュという平民にすぎなかったからだ。彼女が宮廷を追われてから、王妃がこのアパルトマンに移り住むことで社会的論理をとりもどしたが、プティ・トリアノンはこれによって決定的に「女の館」となる。ところが奇妙なことに、彼女はかつての王の愛妾の一人用のベッドを残した。つまり「別々のベッド」である。これに対して女帝マリア＝テレジアは、若い王妃である自分の娘の自分勝手さにいらだって反対したが、彼女が新しい小寝台を自分の好みにあった新しい家具とともに搬入させたのは、やっと一七八八年になってからだった。

当面は、主に庭園のほうに全関心が向いていたため、マリー・アントワネットは元々ルイ一五世のキャビネだったところに大急ぎで移植したこのアパルトマンの改造を、王の私的な階段を取り壊して、「動く鏡の間」とよばれるブードワールを設けるだけにとどめた。階下から上がってくる鏡の仕掛けは、メルクラインという名のドイツ人機械技師が開発した。これによって部屋は完全に覆い隠されるため、室内は燭台の灯りによって照らされたが、その光は鏡の中に無限に映り込んで実に詩的な雰囲気だった。この奇抜なアイディアは、おのずと人々の口を軽くした。だが証拠はない。たんにこのブードワールが、庭園側にひらけた大きなガラス窓からのぞかれることを避けるためだったかもしれない。

だが、王妃がポリニャック夫人のようにひんしゅくを買っている友だちだけをともなってトリアノンに来ることが多かったことを思うなら、悪い噂は広がるばかりだったに違いない。思慮に欠けることが多く、気まぐれを抑えきれない傾向があったマリー・アントワネットは、メルシーがこぼしているように、たとえそれが母からのものでも、忠実な友からのものでも、とにかく忠告を聞きたがらなかっただけになおさらである。ところでこのアパルトマンには現実的な不都合があった。浴室に続く椅子の部屋（トイレ）が、主要階段室から採光される小さな通路に面しているのだ。まことに奇妙なことに、主要階の踊り場からこの小部屋の内部を見ることができてしまう。王妃はプライバシーを守るのに、あらゆる手段を取る必要があっただろう…

王妃のアパルトマンの最後の部屋は化粧部屋だが、非常に簡素な装飾で、三階への階段で直接、すぐ上に位置する中二階の最初の部屋に続いている。その部屋には最初の頃、アルコーヴに寝室付き女官長ルイーズ・ビボー・ド・ミゼリーが寝ていた。王妃はこの女官がノアイユ伯爵夫人と親しいと知って、優しそうでいてトゲのある調子で「皇后＝王妃《アンペラトリス＝レーヌ》」とあだ名をつけたが、それほどエティケットと宗教に力を入れていた人物だった。だが、一七八六年には有名なカンパン夫人がその後任となり、後を継いでこの部屋に住んだ。ここから出てマリー・アントワネットの化粧室へ行くのは非常に簡単だった。

化粧部屋で、夫人は王妃に服を着せ、髪をととのえた。そして名高いモード商人ローズ・ベルタンや美容師レオナールのような業者を、城館の中に混乱を起こすことなくここへ招き入れていた。そのようなおりに、マリー・アントワネットは衣装のための生地を選んだのだが、どれも爽やかで淡い色の、縞模様や花柄のことが多かった。それらは国立古文書館に保存されている見本帳のおかげでわかっている。今日は家具をとりはらわれているが、この小さな部屋で何時間もかけておこなわれた、試着や髪結いの光景を想像するのはむずかしくない。なんらかの新しいモードの発信もおそらくここで決められたのだろう、「ゴール・ドレス」とよばれたモスリンのドレス［シュミーズ・ドレスとも呼ばれる。

それまでは下着か寝間着としてもちいられていた」、レオナールが好んだプーフというクッションでボリュームをもたせ、高く飾り立てた髪型、あるいは王妃がトリアノンに滞在する際に愛用した麦わら帽子…は王妃の着付け係を動転させたにちがいない。

着付け係として王妃に仕えたのは二人で、マイイ公爵夫人、続いて一七八一年からはドサン伯爵夫人だった。ドレス、ショール、コルサージュ、コート、手袋、ストッキング、靴、縁なし帽、レース、リボンをふくむ膨大な王妃の衣装は、三階の廊下に面したごく小さな部屋部屋に置かれていたので、そこから衣装係の女性が必要な服を、階段を使って下ろすのはかなり容易だった。もちろん、王妃に仕えるのには、寝室付き女官、従僕、あらゆる種類の召使いの一群——彼らは付属建物に住んだ——が必要だった。こうした人員は小さな館のあちこちを活発に動きまわり、廊下、階段の下、控え室といったあらゆる小さな隅にある信じがたいほどの数の戸棚や物置を熟知していて、そこに暖炉の火を起こす時に持ってくる柴の束にいたるまでの物資を収納していたのだ。

図書室と劇場

もっとも自分に近い女官たち、もっとも親しくはないにしろ、サービスにもっとも必要な女官たちを、王妃のアパルトマンと同様、愛の殿堂に面した側の、中二階の地味な灰色のボワズリーをそのまま残した静かな部屋に住まわせたところを見ると、マリー・アントワネットはしきたりを尊重するつもりがあったのだ。寝室付き女官長カンパン夫人の部屋に続く大きな部屋は、一七七五年に暇を出されたノアイユ伯爵夫人に代わって王妃付き女官となったシメイ公妃を迎え入れた。そこには今も、コーニスの随分低めの位置だが、彼女が眠っていたベッドの天蓋の取り付けフックがみられる。

この寝室は、中二階の三番目の部屋に連絡しているが、そこは以前王のプライベートな階段があったところで、図書室に改造された。壁にはまだボワズリーの図柄の跡が残っている。これらにはすべてつながりがある。なぜならシメイ公妃は王妃と同じくらい演劇や音楽やオペラが好きだったからで、図書室には、トマ・コルネイユ、ダンシェ、パリソ・ド・モンテノワの数多くの戯曲集、とくに新しい作家たちスデーヌ、ルソー、ボーマルシェの作品があった。これらは劇場でよく上演され、王妃も出演するのを好んだ。また、カンパン夫人は以前、マダムと呼ばれるルイ一五世の娘たちの朗読係で、書棚に自由に近づくことができた。おそらくこれらの作品を王妃にも朗読していただろう。マリー・アントワネットの図書室係、モローのほうは、図書の分類には直接介入することなく、蔵書の管理だけをしていたに違いない。「いくつかの小説を別にすれば、マリー・アントワネットは、うわの空でなくて、本を開いたことがない」とブザンヴァルは言ったが、ほんとうにそんなことがあるだろうか？ たしかに大読書家ではなかっただろうが、芝居で演じる役をちゃんと習得しているのだ。ルイ一六世は妻がその友人たちと演じるのを何度も見にきている。

一七七五年からは演劇の趣味を満足させるため、グラン・トリアノンの近くに舞台装置の骨組みを設置させたが、それでは不十分で、一七七八年にはミックに依頼してルイ一五世の温室の跡地に小さな演劇場を建てている。王妃はそこに、フランス庭園から、あるいは果物貯蔵室の通路を抜け、それから輪遊び場のところを通る雨天用テントに沿ってたどり着いた。そしてなんの変哲もない建物の中に入るのだが、入口のポーチだけがイオニア風の円柱で装飾され、ヨゼフ・デシャンによる悲劇と喜劇の象徴に挟まれた子どものアポロンの姿の彫刻のあるペディメント（妻壁）をささえている。ミックの全才能は内部に注がれていて、その真の宝石のような創意工夫とエレガンスと名人芸は、同時代のドイツの小説家ゾフィー・フォン・ラ・ロッシュに、この劇場は「妖精が造った」ように見えると言わしめた。二部屋の控えの間にホールが続き、それから舞台、楽屋だが、非常に簡素で、そのうち一つがマリー・アントワネットにあてられていた。建築家は自分のために階上に小さなアパルトマンを用意した。

すべてを木材と張り子材で作るという構想のおかげで、小ぢんまりしたホールは、貴賓席もある上に、音響効果が素晴らしく、青い絹の壁は金の繊細な装飾によって引き立っている。コーニスには花輪飾りを持った子どもが走り、舞台の正面には、輝かしいMAの組み文字が掲げられ、台座から伸びた女性の半身像がスタッコでできたカーテンを支え、二人ずつの女性が支える大燭台がオーケストラボックスを照らす。天井はアポロンを三美神、喜劇の女神タレイア、悲劇の女神メルポメネ、そしてペーメーが囲んだ図が、弟のほうのジャン＝ジャック・ラグルネによって描かれていた。一度破壊され、その後原画に基づいて描き直された。王妃のごく内輪だけのとりまきが楽しげにこの豪華なホールに陣取って、控えの間の上にある小サロンでおしゃべりをしたり、舞台の出し物を上の空で聞きながら冷たいものを飲んだりするのが想像できる。舞台はたいへん広く、まさに宝物といえる。完全に元の状態のまま保存されているが、非凡な仕掛けには木枠とロープが隠されていて、舞台の背景をあっというまに変えることができた。完全に内輪のためのこの可愛らしい劇場の何一つとして、偶然にまかされたものはないが、この建設にかかった費用はメルシーを逆上させた。

　こけら落としは一七八〇年六月一日におこなわれた。この日はデュガゾン、マドモワゼル・ロークールといった名優たちが、デプレオーがこの日のために書き下ろした小品《プロローグ》の戯曲を演じたが、まもなく王妃もそこでファヴァールの「妖精ウルジェル」、マルモンテルとグレトリの「ゼミールとアゾール」などのオペラを上演する。さらにはグルックの「トーリードのイフィジェニー（タウリスのイフィゲニア）」をヨーゼフ二世、そしておそらくは作曲家自身も出席する前で演じた。このように、ニコロ・ピッチンニが支持するイタリアオペラとの間に展開していた論争［グルック・ピッチンニ論争］において、王妃はドイツオペラ［グルックが活躍したのはフランスとオーストリアで、フランス語のオペラを作曲したが、出身はドイツ」を支持する立場をとった。いずれにせよ多くの作品を上演できたのは、とくに自分自身の劇団を組織したからだった。

「貴族座」と呼ばれたこの劇団は、ほかでもないアルトワ伯、ポリニャック公爵夫人、アデマール子爵らで構成され、他のメンバーより才能に恵まれていたヴォードルイユ伯爵が指導を引き受けた。マリー・アントワネットは俳優ダザンクールのもとで演劇のレッスンを受けていたため、躊躇なく舞台に上がったが、あのメルシーが「王妃の演技は高貴で魅力に溢れている」と記しているのだから、結果もかなり説得力があったに違いない。ファヴァール、バルト、スデーヌらの作品に出演し、ルソーの「村の占い師」ではコレット役を演じた。羊飼いを演じて、みずから立場にふさわしい威厳を失っているのだから、違反現場を押さえるのは容易だ。人がそれをしないわけがない。一七八五年にはアルトワ伯がフィガロ役を演じたボーマルシェの「セヴィリアの理髪師」でも、王妃はロジーヌに扮して、無分別を露呈した。というのもこの作品は、君主制を動揺させることを故意にねらったものだったのだ。

マダム・エリザベートからマダム・ロワイヤルへ、続きのアパルトマン

スペースがたりないので、王妃の女官たちの全部はプティ・トリアノンに住むことができなかった。それどころか、むしろ大部分の女官たちが毎夜ヴェルサイユへ寝に戻っていた。だがマリー・アントワネットの召使いのうち、必要不可欠な人々は、かつてルイ一五世あるいはデュ・バリー夫人のお供の貴族たちに割りあてられていた続きになったいくつかの部屋を使った。王妃は、中二階を通る階段で行ける屋根裏の階［アティック、三階］にある、ルイ一五世の非常識なアパルトマンをそのままにしてあったが、そこには献身的で、王妃や子どもたちとも親しい王の妹マダム・エリザベートが住んで、一七七八年に生まれた幼いマダム・ロワイヤルことマリー＝テレーズ・シャルロットの世話をした。

マダム・ロワイヤルには屋根裏階に三部屋のアパルトマンがあった。のちに少し変えられたが、扉の上部の美しい装飾が残っていて、ひなびたスタイルで田舎風の帽子と楽器が描かれている。「男の城」であるグラントリアノンに寝に帰る王太子と違って、幼い女の子のほうは夜も母親のそばに残った。模様のある布地が張られた簡素な部屋の、ムスリー

ヌとあだ名のついた小さい王女のそばで、王の子どもたちの養育係であって、この守るべき小さな人につきそい、教育をするのが仕事であるゲメネ公妃は寝ていたと思われる。少なくとも一七八二年までは、というのも世間を騒がせた夫ロアンの破産のあと、王妃がスキャンダルのまきぞえにならないようにとのことで、ゲメネ公妃は遠ざけられたのだ。ポリニャック公爵夫人がその後を継いだ。これが、マリー・アントワネットが犯したもう一つの過ちである。

王妃がだいぶ前からほれこんでいた美しいポリニャック夫人は、王妃を非難する人々の憎しみを一身に集めていた。この野心家はトリアノンに住んだのだろうか？　そうだろうと思ってしまう。王妃は彼女なしではいられないし、新しい任務のせいで、おそらくそこにいる必要があっただろう。だがトリアノンの寝室を副養育係で、マダム・エリザベート付きの女官であり、その大親友でもあったアンジェリック・ド・マッコーに譲った蓋然性のほうが高い。こうして危険なガブリエル・ド・ポリニャックの手から逃れることができたのは、幼いムスリーヌにとって非常に幸運だった。そのふるまいが自由すぎて、いくつかの過ちを犯したマリー・アントワネットだったが、側近として仕える人々のつりあいをとることはできたようだ。

ランバル公妃もプティ・トリアノンに寝室をもっていただろうか？　それはわかっていないが、マリー・アントワネットと非常に親しい仲間の一人だったのだから、大いにありうることだ。二人は未来の国王夫妻の結婚のとき出会って、友情で結ばれた。王妃は彼女を「シェール・クール（愛しい人）」と呼び、王妃の女官長とした。しかし、マリー＝テレーズ・ド・ランバルは控えめで、慎み深い性格だった。反対に自信過剰気味のマリー・アントワネットは、自由に生きようとし、退屈をきらったので、一七七五年に舞踏会で出会った華やかなポリニャック夫人の方に早々に心を移してしまう。とはいえノアイユ夫人あるいはゲメネ夫人に対するのとは違って、彼女には変わらず信頼をもちつづけた。そして人も知るように、ランバル公妃は最後までこの信頼を裏切ることなく、一七九二年九月、命を犠牲にして王妃につくした。

義務感の強い女性だったので、自分の責務を果たすにはあまりに享楽的で気ままであると思われた王妃のとりまきに入らずに、プティ・トリアノンの管理人であり、王妃の備品管理係として、催し物のまとめ役、コレクションの管理、納入業者の紹介をしていたボヌフォワ・デュ・プランと直接連絡をとった。彼ら二人で財政を管理したが、財政はあまりに頻繁に王自身の検討が必要となった。なぜならマリー・アントワネットは、賭け事、身繕い、パーティーに大金をつぎ込むので、王はお人好しにも、おそらくほれこんでいたため、驚きつつもこのような溌剌とした妻を持ったことに魅惑されながら、請求額を支払い、借金を返した。マリア・テレジアも、ヴェルサイユにおける娘の使用人にかかる費用に加えて、この小さな館の運用が引き起こす、度を越した出費を心配していた。革命が起こったとき、投下されていた額はおそらく二〇〇万を超えていた。裁判で、王妃は釈明した。「プティ・トリアノンには莫大な費用がかかったかもしれません。おそらくわたしが望んでいたより多く。少しずつ浪費のほうに引き込まれていったのです」

マリー・レクザンスカの後継者

もっとも、こうした軽薄さと無思慮の結果、前の国王がその愛妾たちとともに、徹底的に価値を低下させた何かが明らかになった。王妃は地位にふさわしい行動をとった。ともかくこの、ときに欲得づくで、ときにうぬぼれの強い女の世界の中心にいて、彼女は王妃でありつづけた、もっと正確には統治しつづけたのだ。よく見ると、彼女が主にロレーヌ出身の人々に囲まれていたことに気づくが、それらは前王妃マリー・レクザンスカの側近として仕えていた人々だった。前王妃の父のスタニスワフはロレーヌ公だったが、マリー・アントワネットの父もかつてはそうだった。意外なつながりのようにみえるが、完全に納得できる。

王の首席建築家リシャール・ミックはナンシーで生まれ、最初は前王妃のために、ヴェルサイユに現在公立オッシュ高校になっている修道院を建てている。一七七五年にガブリエルに代わり首席建築家となってからの仕事は、ほぼ全部が城館、庭園、アモーと、マリー・アントワネットのトリアノンにかかわるものだった。ピエール＝シャルル・ボヌフォワ・デュ・プランもまた、スイス生まれの妻が寝室付き女官だったとき王妃の備品管理人になる前は、マリー・レクザンスカに仕えていた。スイスといえば、ブザンヴァル男爵もまたスイス衛兵の監察官だったのが革命前夜にはどちらかというと高齢だったため、天性の優雅さと機知で王妃を囲む常連の一人となったのだが、それには旧姓ビエリンスカというポーランド系の彼の母親が前王妃と親しかった、ということもあった。スイスには、スタール夫人の父である改革派の大臣ネッケルもいる。マリー・アントワネットは彼の任命に影響力をもっただろうか？　シメイ公妃も王妃付き女官として、マリー・アントワネットの前にマリー・レクザンスカに仕えた。これらの人物に、さらにロレーヌのビッチュ生まれの大使ボンベル侯爵の妻であるマコー夫人とアデマール子爵――彼の妻も前王妃付きの女官だった――をくわえることができるだろう。このように、ルイ一五世妃を囲んでいたロレーヌとポーランドにかかわる人々が、スイス関連の人々もくわえて、まるで先王の不摂生によって随分侮辱されていた前王妃の名誉回復をはかるかのように、新しい王妃の周囲に再集結していたのだ。

マリー・アントワネットはマリー・レクザンスカの敬虔さやキリスト教徒の寛大さを持つこととは程遠かったが、愛妾たちの不適切な支配の後、こうしてあたかも王政復古をおこなうかのように、王妃を王政の中心に戻したいと望んでいたことは否定できない。今やすべての視線を集めるのは彼女だった、たとえ自分の友人をこのグループ外から選び、気に入らない女性は遠ざけていたとしても、評判や運命を左右するのは彼女だった。フランスと帝国の境界出身のこのグループは絶えず批判にさらされ、王国の大貴族たち——オルレアン、スービーズ、ノアイユ——は遠ざけられていると感じた。フランス王政を立て直そうと、一方で王が、もう一方で王妃がしていた努力をだれも当時は理解しなかったようだ。王はその業績と勝利で、王妃はその立場で。

王妃のとりまきグループ、招待客や友人たち

それにもかかわらず、王妃を囲んでいた気がきいていて、不真面目で、軽薄な、否定しがたく気楽で楽しい、女性が支配する世界は、プティ・トリアノンにまたとない雰囲気を付与していたはずである。そこでは人がそれとなくする礼節とよばれるもの以外の拘束が少しもないような理想の世界に住むために、あらゆる努力がされた。小城館の夕べはフランス式生活術の頂点であり、マリー・アントワネットはこの究極の世界の女祭司だった。

王妃は、自分の城にいるたんなる女城主として友人や客人に囲まれて過ごした。彼女がアパルトマンへ行こうと立ち上がるときも、誰も立ち上がらないし、丁寧なお辞儀もしな

い。彼女はここでは王妃ではなく、トリアノンは権力の宮殿ではなくて私生活の場だった。そのため、ほぼ内密に賓客を迎えることもでき、彼らのために画家シャトレに水彩画帳を作らせたりしたものだ。しかしこの恩知らずの画家は、のちに革命裁判の陪審員になり、王妃の死刑に躊躇なく賛成票を投じることになる…。王妃の兄である皇帝ヨーゼフ二世、スウェーデン王グスタフ三世、ツァーの息子で未来のパーヴェル一世、王妃のもう一人の兄フェルディナント大公を迎えた折など、豪華な食事、演奏会、祝宴を介して、この城館はこれまでになく輝いた。

だが、こうした王族たちはちょっと立ちよっただけである。陽気な外見の下で、マリー・アントワネットのほんとうの結社は、彼女の評判にとってもっとずっと危険だったため、王妃の兄ヨーゼフ二世は「いわゆるとりまき」を非難し、彼らの母マリア＝テレジアは「パリでもっとも悪い連中」が集まっていると評価した。彼らが集まるのは主要階にあるいくつかの広間だったが、食堂で正餐を取ったり、お供の部屋《サロン・ド・コンパーニュ》で音楽やおしゃべりやゲームをしたりするのだった。そこでは、貴婦人たちにくわえて、何人かの男性貴族も出入りしていたが、筆頭は王の弟アルトワ伯で、軽率、無思慮、破廉恥でさえあったが、非常に才気煥発で情熱的だった。このしゃれたグループをある意味ぎゅうじっていたのは、年配のブザンヴァル男爵だ。のちには「もっとも変わらず気に入られていたうちの一人で、もっとも助言を求められることの多かった」コワニー公爵が彼に代わる。アデマール子爵はポリニャック一族の知り合いで策謀家だが、カンパン夫人によると、最後には王妃を退屈させるようになった。ヴォードルイユ伯爵もポリニャック夫人のつながりで、彼女の愛人だったが、明らかに証拠もないのに王妃と関係を持ったと非難された、なぜなら小劇場の舞台でボーマルシェの「フィガロの結婚」を上演したとき、彼がアルマヴィーヴァ伯爵役、王妃がロジーヌ役だったからだ。他の人物もこの愉快で騒々しいサークルに、彗星のように姿を現している。「サロンのプリンス」と言われたリーニュ大公もときおりやって来たが、自分にあたえられた輝かしい役割にだまされなかった。また、若いロザン公爵はメルシー大使が遠ざけるのに成功した。その後将校アクセル・フォン・フェルセンが現れる。

彼女がまだ王太子妃だった頃出会って、ずっと後に再会したこの美貌のスウェーデン人は、運よくマリー・アントワネットに気に入られ、ポリニャック夫人に後押しされた王妃は、彼の魅力にさからえず、彼を大佐にしている。そのことから間違いなく……と思わず書いてしまう人もいた。けれど彼女は王妃だったし、たえずそのことを示しもした。アクセル・フォン・フェルセンと親しいスウェーデン大使の妻だったスタール夫人が書いている。「礼儀正しさの中にあれ以上の優雅さと善良さをそそぐのは困難でしょう。彼女は王妃であることを忘れさせないような柔らかい物腰でいながら、自分はそれを忘れているように思わせる」。あとは推して知るべし。彼女は愛人をもつほど思慮がなかっただろうか？決してそうではない。たしかに気まぐれで、ときにはポリニャックやヴォードルイユあるいはアデマールにぎゅうじられていたし、ときには気さくすぎたが、自由にふるまったとしても決してそこまでのことはしなかった。

エティケットの義務がトリアノンでは軽減されてはいたとはいえ、まったくなかったわけではないし、王妃自身が自分の小さな宮廷の品行には注意をはらっていた。大食堂の四枚の絵のうちのドワイアンとアレによる二枚が、胸をあらわにした女性を描いていることに気づくと、それらを外して代わりに置くため、一七七八年オーストリア人の画家ヴァイケルトに、シェーンブルン宮殿の庭園で兄弟姉妹と踊っている一〇歳頃の自分を描いた一七六五年の二枚の絵画の複製を依頼した。とはいえ、今日プティ・トリアノンに展示されているこれらの作品が、結局実際に設置されたかどうかはかならずしも確かではない。

ディナーと娯楽

王妃専属の制服を着た召使いたちが給仕をする、非常に洗練されたディナーがおこなわれたのは大食堂である。料理は、礼拝堂の先にある付属建物の中の、巨大なかまどをそなえた三つの台所で用意された。それから保温室に運ばれ、次に磁器の食器で供されたが、その一部は宮殿の銀器の戸棚の中に今も見ることができる。矢車菊がはやりで、当時の磁器にはこの花の模様が非常に多かったが、同じ模様が王妃の寝室の絹の壁布刺繍にもみられる。まるでマリー・アントワネットが、これを自分の印の一つに選んでいたように。そんなわけで、一七八二年にはセーヴル焼の工房に、青い花の模様の非常に地味な食器セットを届けさせたが、これは「真珠と矢車菊のセット」とよばれる。とはいえその後もルイ一五世の「アトリビュートとスグリ」のセット、もっと色彩豊かで金が使われていて、ロカイユ様式の、一言でいえばより王にふさわしく立派な食器セットも使いつづけていた。一七八四年、王妃は差し向かいで食事をとることができるようになっていた「ルイ一五世の」「王の小食堂」を取り除いて、そこにビリヤード台を置かせた。これはそれまで一階にあったので、召使いの階に降りる必要があったのだ。またここでも王妃は新たに非常識を解決した。こちらの遊びのほうも、賭け事をして遊ぶ「お供の部屋」に隣にもってきたに過ぎないという、まことに論理的な理由だった。ところで、浪費家の王妃がどんなに遊び好きかということは知られていた、よく夜遅くまで興じていることも…。それは、おしゃべりしたり歌ったりするこのエレガントなサロンにおいても同じだった。時には王も許可をえてここに来ていた。だが彼には、妻のとりまきとして認められている人々のエレガンスも機知もなかった。王はからかわれただろうか？　おそらく多少なりとも、そして思慮のかけることもしばしばだったマリー・アントワネットが、そうした悪趣味なからかいを軽蔑してくわわらないようにしていたとは思えない。ある晩など、友人たちとパリでの舞踏会に出かけようと急いでいたのに王がなかなか帰らないので、彼女は時計の針を進め、人のよいルイ一六世は、いつもは一一時のところ一〇時に寝に帰った。おそらくひどく悪意があるわけでもないインチキ、中高生のするようないたずら、だが格調の高い社会より宮廷の道化役にふさわしい行為は、王政にはなはだしい損害をあたえるものだった。

最初の非難が始まったのは、マリー・アントワネットのサークルについてだったが、その理由の大部分は不適切な気質の人々への王妃の傾倒である。王妃は親友たちの犠牲になったのだろうか？　おそらくそのような部分もあっただろう、しかしそれは、その中のある人々が、たとえばこの小さな選ばれたグループの中心にいた利益集団ポリニャック一族のように、恩恵を利用する目的で、彼女の周囲に越えられないバリアのようなものを巡らしたためだった。マリー・アントワネットは、油断ならないガブリエル［ポリニャック］を解雇しないでいられるほど非難されない存在だと、自分のことを考えていたのだろうか？　いや、多くの人が彼女をいさめずにはいなかった。聴罪司祭だったヴェルモン神父も「友人たちの道徳や評判について甘くなりすぎている」と苦言を呈したが、何を言ってもむだだった。一七八六年［首飾り事件裁判］以降、確かにマリー・アントワネットも、自分の送り出しているイメージを修正しようと努めたのだが、すでに遅すぎたためか、だれもが望むような尊敬に値する王妃にもどるのは不可能だったためか、彼女の評判は決定的に傷ついていた。

広間《サロン》では音楽も演奏された。王妃はグルックの生徒だったことがあり、正確に歌ったとは思われるが、声は、かなり高音が出るとはいえ弱かった。おそらくアデマール子爵との二重唱だったようだが、彼の声には定評があった。オペラの歌曲、流行の歌、たとえばファーブル・デグランティーヌの「雨が降るよ、羊飼いさん」、ボーマルシェが劇「フィガロの結婚」に取り入れて流行させた「マルボロは戦争に行った」、フロリアンの詩とマルティーニの音楽による「愛の喜び」など、一七八〇年代に不気味なうなりをあげていた政治の喧騒とは遠い、きれいで、軽快な、愛の歌だった。音楽の勉強はフランスでも続けられ、マリー・アントワネットはとくにハープが好きだった。王妃の楽器はヴァンドーム美術館に保存されているが、彼女が気に入った最初の画家だったゴーティエ・ダゴティによる有名な小さな絵もその様子を彷彿させる。

王妃がエリザベート・ヴィジェ＝ルブランのためにポーズをとったのもこの広間だったろうか？　この同い年の若い女性画家と、王妃はある種の友情を結んでいた。画家がその回想記の中に、絵の具箱をひっくり返してしまったときマリー・アントワネットが急いでひろい集めてくれた「ヴィジェ＝ルブランは妊娠中だった」、と書いているほど親しかったようだ。それで人々は有名な「バラを持つマリー・アントワネット」――王妃が身分にもとる様子をしていると一七八三年に批判を招いた、麦わら帽子をかぶった肖像のヴァリエーション――が、このサロンに集まった友人たちの前で描かれたのではないかとあらぬ想像をしはじめた。ここに描かれた率直で堂々としたマリー・アントワネット。だが実物よりかなり美化されているように見える、というのも、他の肖像画は、とりわけスウェーデン人ヴェルトミューラーによるものは、わたしたちにハプスブルクの特徴がもっとはっきり出た女性の姿を見せてくれるからだ。

中断された改装

マリー・アントワネットはトリアノンの内装を変えずに、ほんの少しの購入でおぎなっただけで、ルイ一五世の調度に囲まれていたのだと書かれていることが多い。実際、お供の間のボワズリーに今も残っている二つのLのルイ一五世の合わせ文字は、大階段の場合は消されてＭＡの文字に取り替えられたのに、なぜ消されなかったのだろう？　これは予定されたことだったのだろう、なぜならここは王ではなく彼女の、私的領分だったのだから。トリアノンではすべてが「王妃によって」なされたのだから。だが、ひとたび庭園の工事が、一七八六年のアモーの完成によって終了すると、マリー・アントワネットがただちに寝室の新しい調度とブードワールのボワズリー装飾という、アパルトマンのための改修を依頼していたことに気づく必要がある。このときから、彼女は自分の小さな館を決定的に自分の趣味に合わせることに取り組んだのだろうか？　そうかもしれない、しかし革命にさまたげられて、この事業を完成することはできなかった。いずれにせよ、比類ない才能の室内装飾家であり、王妃がすでにヴェルサイユのアパルトマンの仕事を頼んだことがあるルソー兄弟が、一七八七年ブードワールに置く、ウェッジウッド調の白とブルーで彩色した彫刻パネルを納品しているが、その模様は「マリー・アントワネット様式」ともよぶべきもので、うずくまったスフィンクス、花の唐草模様といった古代風に、ヴァティカンの「ラファエロの間」装飾からまっすぐに来ているグロテスク［動植物、仮面などのモチーフを複雑に構成した幻想的な文様、画家のラファエロが洞窟《グロット》遺跡のフレスコ画から取り入れた」がたくみにくわえられている。古代、花、ミニチュア化、がこのスタイルの特徴である。この羽目板の上に、王妃は自分の組み文字で署名させ、それによってこの館が彼女の私的領域であることをはっきりと示したのだ。

一方で、寝室のために新しい家具を注文していて、それは一七八八年に届けられた。トリケが彫刻をほどこした説教台型寝台《アン・シェール・ア・プレッシェ》〔高い天蓋のついたベッド〕は消失したとはいえ、そのほかの「麦穂の家具」と名づけられた家具は、文句なしにトリアノンの傑作であり、家具製作の頂点の一つである。そこでは高級家具職人ジャコブ、彫刻家ロード、画家シャイロ・ド・プリュス、絹織物のデファルジュ工房のような一流の職人たちが仕事をした。ジャスミンやスズランの花と麦の穂を編み込んだ麦わらの繊細な彫刻を自然の色で塗り、ウールで矢車菊とバラを刺繍した白い繻子で覆った椅子だが、王妃の装飾家具師フェルディナンド・シュヴェルトフェーガーによる付属のコンソールと小テーブルは、麦わらのように見えるブロンズ細工によって椅子と完璧に調和している。同じタイプの整理ダンスもあって、最近モスクワで見つかった（革命時に売却された掘り出し物！）。まだそれだけではない！　ブロンズ鋳造師トミールによる置き時計や壁掛け燭台も同様に編んだ麦わらのモチーフで装飾されている。庭園の事物を手本としたシンプルで、田舎風で、花をあしらったスタイルは、ヴェルサイユの金泥とはまったく違う。王妃は実に確かなセンスをもっていて、最高の職人たちに仕事をさせることができたし、彼女をとりまく最高の芸術家たちの意見を聞くことができた。というのもたとえば名高い装飾職人ジャン＝デモステーヌ・デュグールが、おそらく画家のユベール・ロベールの助力をえて、この類まれな装飾を構想し、寝室に名前をあたえたと推測され、これは以後「格子模様の寝室」とよばれるようになった。だが、服飾の流行を決めたように、この、田園風で女性的な新しい室内装飾を決めたのはマリー・アントワネットであり、彼女一人だった。アパルトマンで彼らと仕事をしているときに思いついたのだろう。だが残念なことに、それをあまり享受できなかった。せいぜい一年。一七八九年一〇月五日、暴徒の群がヴェルサイユに侵入し、彼女はあわただしく、愛するトリアノンを離れて、二度と戻ることはなかった。

＊

王妃があまりに急にいなくなったので、トリアノンはまるで自分の一部をもぎとられたようだった。未完成の念がただよった。愛惜の念がこの場所を支配した。しかし、マリー・アントワネットの満ちたりていた日々は消えることなく、神話に姿を変えた。犠牲となった王妃の魅惑は今も残って作用しつづけているし、夢は消え失せない。この場所の上品な優雅さとプティ・トリアノンの装飾の抑制の効いた節度ある繊細さが、歴史と現実のたえまない会話の中で、あちこちに彼女の存在を蘇らせる。

第5章

王妃の村里《アモー》

ジャン・デ・カール

王妃マリー・アントワネットが作り出したすべてのものと同様、彼女がトリアノンの領域でなしとげた最後の計画であるアモーは、多少なりとも悪意のある幻想と解釈の対象となった。彼女の行為のどれもがそうであることが多かったように。

王妃はこのノルマンディー風の模擬村を「羊飼いを演じるために」欲しがったと言われている、金のハサミを使って、リボンで飾った羊の毛を刈り、さらには牛の乳を絞り、ほんとうの農婦のようにふるまいたかったのだと。まったくの虚偽である。王妃は羊の毛を刈ることも牛の乳を絞ることも一切しなかった。彼女は王妃であり、そうした仕事は本物の農民と召使いにまかせていた。

一七八三年、流行にならって王妃は村の建設を夢見る

この場所を欲しがったマリー・アントワネットのほんとうの動機は、子どもたちが田舎の暮らしを知ることができるように、自分で土いじりをして、農作業の実際がわかるようにということだった。このような欲求は、母親になったことで深く変化した王妃の心理的

革命に起因するものである。ルイ一六世の統治の初期における一七七四年のプティ・トリアノン取得から、一七八四年の「イギリス＝中国風（アングロシノワ）［フランス式と違って自然に見える］」庭園の完成までに、王妃は祝宴や舞踏会、花火、劇の上演といった楽しく呑気な暮らしぶりから、より思慮深く、それ以上に素朴になり、子どもたちの誕生がもたらした責任感を気にかけるようになっていた。

王太子との結婚から八年、したがってたいへん遅くなってから、そのことで散々批判された後、彼女は一七七八年、ついに女の子マリー＝テレーズ、愛称ムスリーヌを生んだ。国王夫妻は次いで一七八一年には、念願の後継ルイ＝ジョセフの誕生を喜ぶことになった。イギリス＝中国風庭園の先にアモー（村里）を建設しようと決めたのは一七八三年である。マリー・アントワネットが発明したわけではない。流行だったのだ。彼女はその中でもっとも名高いシャンティイにあるコンデ公のアモーを訪ねた。この時代に作られたどのアモーとも同じように、城館からあまり遠くなく、家々の外壁は荒廃した見かけで、それが隠している豪華な内部と劇的なコントラストを見せることになっていた。ピエール・ド・ノラックがシャンティイの納屋のしつらえを次のように語っている。「コリント式建築で、赤く塗られ、銀の筋が入り、花飾りの付いた一対のピラスターでできている、キューピッドが天井の雲の中で戯れ、家具は銀の刺繍をしたバラ色のタフタのカーテンにつりあったものだ」

同じように荒廃した感じの別の家も、あるものには図書室があるし、他のものにはビリヤード室がある。凝った夜食《スーペ》が用意できる広い台所が村の居酒屋に隠されていた。別の家には中庭が隠れていて、木々の枝が作る天井の下に芝生に覆われた腰掛けがあった。その近くに家畜小屋、酪農場、水車、パン焼きがまなど、村に必要な基本要素がそろっていた。

シャンティイはもっとも華々しいものだったとして、他にもたくさんのアモーがあった。オルレアン公妃はランシーに沼のほとりの「イギリス農場」と、全体にエキゾティックな調子を加える丸木造りのイズバで構成される「ロシア村」を持っていた。モントルイユには、王妃の義理の妹［王弟の妻］プロヴァンス伯妃が、彼女の建築家シャルグランが考案したアモーをもっていた。よくそうだったように、王妃は流行にならったのだ。この自然への回帰の流行は、ディドロが農業について書いている『百科全書』の影響や、ウェルギリウスの『農耕詩』の新訳からの再発見があるようだが、なによりもルソーだろう。王妃が哲学を読んだかどうかは疑わしいが、影響は受けたのだ。

王妃はロレーヌ出身の彼女の建築家リシャール・ミックにその企画をし、模型を作るよう依頼する。画家のユベール・ロベールも一二軒のノルマンディー風農家のアイデアを提供するのにかかわることになる。彼の名前を示す公式の記録が手に入らなかったため、この風景画家がほんとうに関与したかは疑問視されていたが、最近になって学芸員ピエール・アリゾーリ＝クレメンテルのおかげで、確認された。彼は『マリー・アントワネットのアルバム［図版集］、ヴェルサイユにおけるプティ・トリアノンの光景と地図』［二〇〇八年］の序文に、建築家フォンテーヌからミックの孫娘への、一八四一年付けの手紙を引用しているが、その中でフォンテーヌは彼女のおじいさんが彼の独り立ちの後押しをしてくれたこと、一七八四年にトリアノンで会っていることを述べ、「そしてロベール氏は庭園の絵で評判の人でしたが、ミック氏にトリアノンのアモーを注文した王妃は一度ならずこの腕ききの画家に、建築家たちはあまり得意としない、わら葺きの家、岩、その他の細かい建築物の形や配置について相談なさいました」と書いている。

人工池を囲む非常に独創的な設計

この小さな村の建設は簡単に思われた。しかし実際は、思ったよりずっと野心的な企てとなった。というのも家々は池のまわりになければならないので、まずその池を掘る必要があったからだ。イギリス゠中国式庭園の延長上に、シェーヴルルー通りとサン゠タントワーヌ通りの交差する地点までの農地の中心に置かれるこの計画は「新庭園」とよばれた。最初の技術上の問題が呈された。プティ・トリアノンの領域とその庭園は壁で囲まれていたが、新庭園が予定していたのはさえぎるもののない、したがって壁のない眺望だった。サン゠タントワーヌ村の鐘楼が見えなければならなかった。これが見えることで、アモーに教会がないことをとりつくろえるはずだった。農民と召使いを除いて、王族も客も誰一人としてそこに泊まることはないだろう。日中そこで散歩したり、気晴らしをしたりしても、プティ・トリアノンへ戻って眠る、そこには礼拝堂があるからだ。したがって新庭園は堀、当時「アア［行く手を阻まれた者があげる声から］」と呼ばれた空の溝で囲まれることになるだろう。「アア」という表現はイギリスから来ていて、王妃の親友であり、庭園について詳しかったリーニュ大公がもちいた。

工事は一七八三年から一七八五年夏まで続いた。池の掘削は超人的な労働だった。ベルヴェデーレが見下ろしているイギリス式庭園の池より四倍大きい。池を満たす水もたいへんな困難をもたらした。トレフルの貯水池ではたりなかった。マルリの揚水機械を頼らなければならず、つまり新しい水路を作ることが必要となった。王妃は、いつものように新しい現場を間近で監督した。だが、一七八四年六月二一日に、王妃がスウェーデン王グスタフ三世のためにプティ・トリアノンで催した最後の大祝宴の際、白い衣装を着たこの忘れがたい夕べの招待客の誰一人として、愛の神殿の向こうに大規模な工事現場があることに気づく者はいなかった。

外観は似ていても内部が違う家々

アモーのプランは王妃によって綿密に検討されたが、全体の中心にある王妃のための区域はまた別の挑戦だった。王家の場所であることがはっきりするように、他から切り離されているべきだ。そこで、池から流れ出て、先へ行って消えるような二本の小川を作る必要があった。どちらの川にもかかった一本の橋から、この特権的な場所に行くことができた。もっとも大きく、唯一二階建ての王妃の家は、パーゴラ風の手すりのついた開放廊下で二階同士を連絡した二棟の建物で構成された。その一階には、石張りの床の食堂があり、指物師リーズネールによる洗練された家具が置かれた。もう一つの大きな部屋にはビリヤード台がある。二階へはポプラ材の柱のまわりをまわる螺旋階段で通じている。階段を上ると、中国風のゲーム部屋と六個の窓がある素晴らしいサロンで、そのうち三個は湖、三個は王妃の野菜畑に面している。

窓はアモーの精神を語る。つまり少なくとも外側は鉛の縁にはめこんだ小さな複数のガラスでできている。ところが内側には二つ目の窓、一続きの大判ガラス一枚でできた窓があり、サロンにいて、一つ目の窓を開けて押し広げておけば、視界を邪魔されることなく景色を楽しめるようになっていた。このサイズのガラスは当時贅沢品で、一般にボヘミアで製造され、非常に高価だった。

このサロンの中はなにもかもが豪華で、壁布や家具は田園の別荘よりパリの邸宅を思わせた。二階には、王妃のための休憩用の小寝室と三つの小部屋も用意されている。やはり王妃の保護区域に、アモーの一番小さな家であるブードワールも見られるが、これもまた外側は念入りに荒廃させ、内側は白い大理石の大きな暖炉のある、素晴らしく洗練された作りである。王妃は一人またはだれかとともにここに引きこもることができた。この場所の常連の一人は、王妃の恋人、フェルセン伯爵だったようだ。

この王妃のための空間の中に、料理保温室もある。これは人が思うような、他の場所で用意された料理を温めるだけの場所ではなく、正真正銘の城館の台所である。ここにはロースターが付いた巨大な暖炉、二二の保温トレーをそなえた大きなかまど、広い調理台、王妃のテーブルを飾る銀の食器と磁器を収納する、奥行きのある戸棚が準備されていた。中庭には貯水槽があって、台所に必要な水を供給する。好ましい規模の野菜畑が王妃の領域を仕上げている。

アモーのその他の場所は、召使いのための家と王妃やその客たちが出入りする家とを分けて考えなければならない。外側から見れば、両者を区別するものは何もないが、召使いの家の内部は機能的で快適に（王妃はこれを大切にした）、その他の数少ない家の内部は贅沢に作られる。アモーに行ったとき、もっとも驚くべき、その高さからもっとも目につく建物はマルボロック（マールボロ）の塔である。池のほとりの人工の岩の上に建てられた最初の建造物でもある。灯台のような形をしていて、その名前はボーマルシェが『フィガロの結婚』の中でシェリュバンに歌わせている「マルボロは戦争に行く」からきた。マリー・アントワネットはこの劇を見ていなかったが、王太子［ルイ・ジョゼフ］の乳母「マダム・ポワトリン」が、王の後継者をあやすのによくこのマルボロの歌を口ずさんでいた。王も王妃もこの歌が好きで、その題名から考えついてこの塔の名前をつけたのだ。

外側がローマ風のあらい石組みでできた八角形の一階には、池をめぐる小舟や漁網を置く釣り場がある。池には魚がたくさんいて、王妃の友人たちは釣りを楽しむことができた。こうした土台の上に丸い塔がそびえ、階段で二階の、列柱だけで壁のない部屋に行くことができる。塔の頂上は灯台に似ているが、灯台ではない。これをとりまく円形のバルコニーからは、ヴェルサイユの庭の宮殿の屋根にいたるまでの素晴らしい眺めが一望できた。

ルイ一六世はマルボロックの塔を非常に愛し、よく王太子をつれていっては、方角の知り方を教えた。

池のまわりには、若干の「実用的な」建物がならぶ。一方の岸には、多くの穀物を粉にすることはできないが、非常に美しい水車がある。小川の水量がまったく不十分なのだ。あいかわらずのヴェルサイユ水問題である。共同洗濯場がその建物をおぎなっているので、客たちは洗濯女たちが洗濯物を叩き洗いするのを眺めることができる。対岸にある鳩小屋はモリバトのためだが、それよりむしろ雌鶏の飼育に使われていて、その卵が毎朝プティ・トリアノンに運ばれてくる。他より少し大きめの家は、アモーの守衛であるジャン・ダーシーの家だ。堀のすぐそばに建つこの家にだけには地下室があり、地下の通路によって「アア」の中に直接通じている。守衛はこの地の安全をまかされている。この保護された場所へのあらゆる不都合な侵入がないよう、定期的に巡回しなければならない。

村の中心には穀物小屋があるが、まもなく田舎風のダンスパーティー用のホールに改造されて、その機能を失う。そこで別の穀物小屋が農地の隣に建てられることになる。「仕込みの酪農場」とよばれていた、召使いが使う小さな家屋には、暖炉と牛乳を温めることができるかまどと、ヴェルサイユの氷室から運ばれる氷の塊を置く戸棚があり、シャーベット、とくに王妃の好きなデザートのフロマージュ・グラッセが作られた。

この酪農場とはっきり区別されて、マルボロックの塔に隣接し、廊下でつながっている「仕上げの酪農場」がある。外観は前述の酪農場と同じように、たくみに荒廃した感じだが、実際内部は魔法のようである。部屋はすべて白大理石で覆われていて、その同じ大理石がコンソール［壁に取り付けられたテーブル］や中央のテーブルや床にも使われている。部屋の周囲には水路が掘ってあって、そこを流れる水が全体に涼気をもたらす。テーブルやコンソールの上には、酪農場のために特別に制作された、わん、コップ、皿、大皿などの磁器がならべられるが、もちろん王妃の組み文字入りである。これらはセーヴル焼製作所に発注された。

村の家が皆それぞれ野菜畑をもっていて、そこでキャベツ、ニンジン、サラダ菜を育てる。実用的な農作物に加えて、アモーは花と果物の王国であるべきだから、イチゴ、スグリ、キイチゴ、モモ、アンズ、プラム、ナシの木の垣根も育てよう。リシャール・ミックは王妃のイニシャルを青で入れた白い陶器の壺を作らせるだろう。ミックが株主でもあるロレーヌのサン＝クレマン陶器製造所には、けたはずれの注文が出される。壺を一二三二個！　これらは、花をいっぱい入れられて、家々の前、窓の縁、階段の格段と、アモーのいたるところに置かれるのだ。これはアモーの作り手と、とくに所有者を示す商標のようなものと言える。池の完成時には、王妃の招待客を喜ばすため、そこに二三四九匹の鯉と二六匹のカワマスが放たれる。池の魚は毎年入れ替えられるだろう。

このほんとうは村ではない村を定義するために、トリアノンの学芸員ジェレミー・ブノワがもっとも的確な表現を見つけた、曰く「アモーはいくつものかけらに分裂させた宮殿である」

ほんとうの農民がいるほんとうの農家、ただしスイスから来た…

アモーを完成させるには本物の農家が必要だ。これは少し離れたところ、シェーヴルルー通りぞいに置かれるが、農民に自分の農地でのより自由な裁量をあたえるためである。この農家はすでに一七八五年にプランに上がっていたが、完成するのは一七八八年になる。内部は目を見張るほど入念にととのえられていて、数多くの戸棚が設置され、内壁は白く塗られ、上部に装飾が入る。石の暖炉は、大理石をまねて油絵の具で塗られる。

王妃が選んだ農民はヴァリー・ビュサールという名で、トゥーレーヌから来た、ショワズール公爵の酪農場長をしていた人物だった。ショワズールが死去したので、王妃はヴァリー・ビュサールを農民として召し上げた。マリー・アントワネットが彼を選んだのは、人柄があったが、それだけでなく乳製品加工の仕事を知っていたからだ。ヴァリー・ビュサールはトリアノンに一七八五年六月十四日に到着する。家族も数か月後にやってきた。彼らは農家の建設が完成するまで、トリアノンの動物園の宿舎におちつくことになる。スイスのグリュイエールの谷で生まれたビュサールは、フリブール牛の飼育法に完璧に通じていた。王妃の同意をえて、アモーに牛乳を供給するため、アルプスの雌牛八頭を取り寄せることにする。彼によれば、アルプスの雌牛はノルマンディーの雌牛よりずっと乳の出が良いということで、スイスからの雄牛も一頭取り寄せる。クリームやチーズに目がない王妃は、これでアモーだけでなくプティ・トリアノンの分もヴァリー・ビュサールをあてにできるようになる。若い娘に毎朝バターとクリームを宮殿に届けさせるようにしよう。

一〇匹の雌のヤギと雄のヤギ一匹を入れる「ヤギの小屋」も作られる。一七八六年、幼い王太子が散歩に使う小さな馬車を引くために、ヴァリー・ビュサールはスイスから有名な四本角の白い雄ヤギを一匹、雌ヤギおよび途中で生まれた二匹の子ヤギとともに取り寄せる。雄ヤギは優れた繁殖力を見せただけでなく、王太子が庭園内を散歩する乳母車におとなしくつながれた。

農場ではハトや雌鶏も飼う。庭師リシャールの妻がコー地方から取り寄せて、うさぎと同様面倒をみる。羊については、農民が詳細につけていた帳簿にまったく痕跡がない。どんな羊の群れのこともない。だがアモーにはたしかに羊がいた。羊はこの時代の理想の村に欠かすことができない。おそらく大トリアノンの動物園からつれてきたのだろう。

農家の建物がまだ未完成だったが、アモーのその他の部分、家、花、動物、農夫とその家族や、それぞれの建物に配置された召使いたちは、王妃がアモーの利用を始めようと決めた一七八五年の夏には準備ができていた。八月二日、王妃は友人のエステルハージー伯爵に書いている「今週末にはアモーが使えるでしょう」
王妃は三度目の妊娠の間、大好きな演劇をあきらめていたが、同じ年一七八五年の三月に王子が生まれて、ルイ＝シャルルと名づけられ、ノルマンディー公とされた。この子どもが薄幸だったのちのルイ一七世である。一七八五年の春、王一家は元気な二番目の男子を迎えて喜びに酔いしれていた。この時期の王妃にとってのたった一つの気がかりは、五月二四日に産後の祝別式のためパリへ赴いたときの、パリの人々の冷たい反応だった。王太子誕生の際の熱狂的な高まりとはほど遠かった。ヴェルサイユに帰る道で、王妃は泣きながら王にたずねた。「わたしがあの人たちに何をしたというのでしょう?」中傷文や、もっと悪いとまではいわないが、底意地の悪い歌には慣れていた王妃が、ほんとうに自分の不人気を自覚したのは初めてだった。そのことは彼女を悲しませた。

ほんとうに潔白だった王妃は首飾り事件の犠牲者である

そして夏が来て、マリー・アントワネットは大好きな芝居を再開することにした。「貴族座」と一緒に、トリアノンのうっとりするような小ホールで、ボーマルシェの四幕の戯曲『セヴィリアの理髪師』の稽古をする。彼女はロジーナ役、義弟アルトワ伯爵はフィガロ、ギッシュ公爵（王妃のお気に入りのポリニャック夫人の娘婿）がバルトロ、クリュソルがバジリオを演じる。ロジーナ役を演じることと、もうすぐアモーに滞在できることの喜びに浸っていた王妃を邪魔するように、主席女官カンパン夫人が、宝石商ベーマーとバサンジュからの手紙を持ってくる。手紙の内容は王妃を唖然とさせ、それから憤慨させる。これが彼女にとって、首飾り事件の始まりだった。

王妃はすぐに自分の知らないところで、悪用されたことがわかり、急いで王にそのことを知らせに行く。事件を要約すると、宝石商たちは数年前に五四〇個のダイアモンドを使った一六〇万リーヴルもする、彼らが傑作だと考えるような首飾りを制作した。彼らはすでにデュ・バリー夫人のためにとルイ一五世に提案したが断わられ、次にはルイ一六世に妃のために買ってもらおうともちかけた。それは王がアメリカの反乱軍《インサージェント》の支援を決めたときで、王妃はこういって首飾りを拒否していた。「わたしたちには首飾りより軍艦が必要です」。窮地に陥った宝石商たちは、この取引に役立ちそうな人物に一〇〇〇リーヴルを申し出た。こうして、アンリ二世の庶子の末裔ラ・モット伯爵夫人というペテン師が介入したのだ。彼女はこの詐欺事件でカリオストロと名のるジュゼッペ・バルサモの助けを借りた。ヨーロッパ中をかけめぐっていたこの人物は、パリでも民間療法の才能と、神秘学の実践で知られた。彼らの思惑は単純だ。彼らはロアン枢機卿が王と王妃が自分に対して冷淡であることを非常苦にしていることを知っていた。これは今に始まった事ではない。マリー・アントワネットの母親である皇后マリア＝テレジアは、彼が在ウィーンのフランス大使だったとき、そのスキャンダラスな素行に憤慨して罷免に追い込んでいる。ラ・モット夫人はロアン枢機卿に、王妃がベーマーとバサンジュの首飾りを欲しくてたまらないのだが、王に頼めないでいる、と話した。この女策士は、おめでたい枢機卿に、首飾りを買うことで王妃の好意をとりもどせるのではともちかける。枢機卿をだますために、王妃が署名しているという偽の手紙を見せる。さらにはヴェルサイユの庭園の木立《ボスケ》の中での、マリー・アントワネットとの夜の密会まで準備した。王妃は彼に一本のバラを差し出す。もちろん枢機卿がヴィーナスのボスケで見たのは王妃ではなく、器用なマダム・ド・ラ・モットによって念入りに、まずまずの王妃の替え玉に変身させられたニコル・ルゲとかいう名前の「路地の泥棒女」だった。希望を抱いた枢機卿は、掛けで首飾りを購入し、王妃の召使いと信じた者にわたしたのだが、その男はじつはほかでもないラ・モット夫人の愛人だった！　彼女は首飾りを回収して、ダイヤモンドを外し、共犯者——彼女の夫！——にロンドンで売らせた。

時が過ぎたが、ロアン枢機卿は自分に対する王妃の態度になんの変化も認めることができない。いまいましく思って、宝石商たちに、決済期日を守って払いつづけるのを拒否すると告げる。王妃が彼らの首飾りをもっていると信じ込んでいる宝石商たちは、謁見を請うが、かなえられないので手紙を書く。それが一七八五年八月二日、『セヴィリアの理髪師』の稽古の真最中の王妃に、カンパン夫人が渡したあの手紙である。マリー・アントワネットは仰天し、二人の宝石商たちに報告書を書くよう要求した。彼女にはまだ企てがよくわかっていなかったが、ロアン枢機卿が彼女を危険にさらそうとしたことは確信した。

そのことを王妃が王に話すと、王もその意見に賛成した。そして一七八五年八月一五日のルイ一六世の書斎における王、王妃、宮内大臣ブルトゥイユ、法務大臣ミロメニルの、ぞっとするような会談の後、ロアン枢機卿は鏡の間において全宮廷の前で逮捕される。マリー・アントワネットはほっとした。犯人は逮捕され、その共犯者たちラ・モット夫人とカリオストロも捕まった。兄のヨーゼフ二世に宛てて、マリー・アントワネットが書いている。「わたしとしては、この不愉快な事件のうわさを二度と聞かなくていいのを喜んでいます…」

彼女は自分の潔白が認められ、枢機卿は高等法院によって断罪されるだろうと思っていた。まちがいだった。このスキャンダルについては、きっと内密の解決のほうが、華々しい逮捕と結果がどうなるかわからない裁判より望ましかったのだ。さしあたって、王妃は幸福だった。「セヴィリアの理髪師」は、八月一九日にトリアノンの劇場で上演され、大成功をおさめた。彼女はそれが最後の舞台になるとは知らない。ピエール・ド・ノラックが要約している。「彼女は最愛の楽しみをあきらめた、彼女が最後に演じた役は、まちがいなく、ボーマルシェが王妃のために書いたものではなかった」

その夏、王妃は、彼女が望み、計画し、人生のこの瞬間において必要としていたことすべてに調和するこのアモーを、心置きなく楽しむことになる。宮廷のエティケットを気にしなくていい、子どもたちと一緒の素晴らしい田園の暮らしに、王もしょっちゅう合流した。「取り巻き」が、場所が狭いためトリアノンよりさらに厳選され、人数もかぎられた。養育係として王子と王女の面倒をみる、一番のお気に入りポリニャック夫人、王妃がとくに愛情を注いでいる義妹マダム・エリザベート、それからヴォードルイユ、エステルハージー、その他数人、そしてフェルセン…

アモーの比類ない魅力をどのように発見するか？

プティ・トリアノンからアモーへ行くのには、岩《ロシェ》とスイスの山を通って、ベルヴェデーレに沿ってマルボロックの塔にたどり着くこともできるが、直接愛の神殿へ向かえば、そこから数分で水車小屋に着く。王妃の家で昼食をとり、散歩し、釣りをし、池に船を浮かべ、軽い腹ごしらえをしに酪農場へ行く。そこで高価なセーヴル焼の磁器に入ったイチゴクリームやフロマージュ・グラッセを味わい、白い大理石の隠れ家の涼気に陶然となる。それから王妃の家に戻って、一階でビリヤードに興じるが、螺旋階段をのぼった二階の大サロンではおしゃべりをし、刺繍をし、王妃がクラヴサンを弾きながら歌うのを聴く。

一七八五年に王妃が好きだったのは「楡の木陰でさあ踊りましょう〔ジャン＝ジャック・ルソーの「村の占い師」の中の曲〕」だった。

子どもたち、マリー＝テレーズ（ムスリーヌ）と王太子はトリアノンとアモーにいることが多くなるだろう。王妃は子どもたちの教育に心をくだく母親だった。一七八四年の姉のテシェン女公マリア＝クリスティーナへの手紙の中で、子どもたちの性格を分析している。「あの子（マリー＝テレーズ）は気難しくて自尊心が強すぎます。自分の中にマリア＝テレジアとルイ一四世の血が流れているのを感じているのです。自分の血にふさわしくなるためにはそのことを思い出す必要がありますが、優しさというものも必要な美質で、それには誇りと同じくらいの力がありますし、傲慢さは愛情を遠ざけるものです。王太子のほうは、もっとずっと繊細で、怒りっぽいのですが、情と道理をもって導くことができるでしょう」

プティ・トリアノンとアモーは王妃にとって春と夏だけの住居ではなかったが、それでも完全に滞在できたのは、年によって一五日から四〇日ほどだ。一七八六年には四度目の妊娠をした。これは望んだことではなかった、一七八五年三月にノルマンディー公ルイ

＝シャルルが生まれたばかりだったからだ。一七八六年二月二二日、友人のヘッセン＝ダルムシュタット伯家継承者ルイーゼに書き送っている。「あなたはきっとわたしの懐妊のことをご存知でしょうね。長い間はっきりしませんでしたが、今はまちがいないのではないかと心配です」。出産の一か月少し前、王妃のプティ・トリアノンおよびアモーへの滞在は、一七八六年五月三一日にあった高等法院によるロアン枢機卿の無罪判決でだいなしになる。カリオストロは国外追放になり、ラ・モット夫人は鞭打たれ、烙印を押され、終身刑を言い渡されるが、収監されていたサルペトリエール病院監獄から早々に脱獄する。ロアン枢機卿は華々しい勝利を飾った。同じ日の夜、彼はバスティーユで、民衆に歓呼の声で迎えられた。ルイ一六世とマリー・アントワネットはすぐに彼をラ・シェーズ＝デュー修道院へ追放する。これは下手なやり方だった。国王夫妻は高等法院の判決に反論したことになり、枢機卿を殉教者にしてしまったのだ。シュテファン・ツヴァイクがマリー・アントワネットの伝記の中で、この災いの種をまいた首飾り事件の素晴らしい分析をしている。「王妃は潔白だった。その潔白を公にするために高等法院に訴えた。結果として、人々は彼女が有罪だと信じた」

いらだちと臨月近い体調にもかかわらず、マリー・アントワネットはトリアノンに、当時ロンバルディア総督だった兄のフェルディナント大公、とその妻マリア＝ベアトリーチェ・デステを迎える。ルイ一六世と王妃は彼らのために、トリアノンとアモーで、四回の正餐と四回の舞台を催す。舞踏会とイリュミネーションはなかったが、二人の客人はプティ・トリアノンと庭園とアモーに魅惑される。マリー・アントワネットは彼らのために、トリアノンとアモーの主な情景を集めた画集も制作させるが、これは一七八六年におけるこの場所の豪華さの貴重な証言となっている。この画集は、今日モデナのエステンセ［エステ家の］図書館に保存されている。しかし、ルイ一六世が彼の治世でたった一度の地方への旅行、シェルブール行きを計画したとき、王妃は子どもたちとともにトリアノンとアモーにとどまる。マリー・アントワネットは疲れていたのだ。髪を短くし、髪粉をつけることもなくなって、数少ない訪問者は白髪を発見して驚くが、彼女はそのときまだ三一歳でしかなかった。

一七八六年七月九日、ヴェルサイユで女の子ソフィーが生まれる、四番目で最後の子どもだ。彼女は産後の祝別式にともなう祝宴を最小限に制限する、産後の回復は順調だったが、幼い娘はあまり健康でなかったからだ。意気消沈した王妃は九月一杯を過ごそうと、八月二八日にトリアノンとアモーへ戻る。そこで枕の上に、ぞっとするような誹謗文を見つけるのだった。涙ながらにカンパン夫人言う。「ああ、もう死んでしまいたい！　ああ、なんと残忍な人たちでしょう！　わたしが彼らに何をしたというのでしょうか？」その悲しみを慰められるのはポリニャック夫人だけだ。王も九月には、しばしば王妃に会いに来る。医者の勧めに従って運動できるよう、アモーに王のための球技場《ジュー・ド・ポーム》も設置されていた。

二人の子どもの死に傷ついた母親…

一七八七年の春は王妃にとって、子どもたちにかんする二つの特別な出来事があった。一つは外見上幸福な出来事である。五月一日王太子が「男性の養育掛に手渡され」、医師に「健康である」と判断されたこと。もう一つは悲劇で、一七八七年六月一九日に小さなソフィーが一一カ月の短い生涯を終えたのだ。おそらく肺の感染症だった。忠実なカンパン夫人がこの悲劇を控えめにコメントしている。「王妃は、まだお乳を召し上がっていらしたソフィー王女様を失われました」。この最初の不幸は、王妃の言葉によると「この時から続くすべての始まり」だった。この子を失ったことは、マリー・アントワネットをひどく悲しませた。「小さな天使」のために泣き、まだごく小さかったかったことで無念さも和らぐのではと言って慰めようとする人々に、王妃は「お忘れですか、わたしの友だちだったのです」と答える。宮廷が喪に服していたため、この夏トリアノンとアモーでは祝宴も舞踏会もない。王妃は子どもたちとともにトリアノンとアモーへ休養に行った。

ここでポーズを取る母子を、ヴィジェ＝ルブラン夫人が大きな絵に描いているが、この絵は一七八五年九月、首飾り事件の災難の後、マリー・アントワネットの王妃として、母親としてのイメージを取り戻そうと、王室建設局長官ダンジヴィエ伯爵が、この高名な肖像画家に依頼したものだった。画家ダヴィッドの助言で、ラファエロの「聖母子」から着想を得た構図は、四人の子どもたちに囲まれた「荘厳の王妃《マエスタ》」を描く。幼いソフィーの死で、もちろんヴィジェ＝ルブラン夫人は絵を変更しなければならなかった。今日それは空《から》のゆりかごとよばれている。なぜなら、マリー・アントワネットは中央で、「シュー・ダムール（かわいいおチビちゃん）」と名づけた小さなノルマンディー公を膝に抱き、娘のムスリーヌことマリー＝テレーズは、母親の右腕に両腕をまわし、身をもたせている。絵の右側で王太子がおおいを持ち上げながら、空になったソフィーのゆりかごを指差している…

もう一つの落胆がその夏王妃を襲う。財政改革をまかされたロメニー・ド・ブリエンヌが、宮廷の支出について徹底的な節約を決めたのだ。王妃の親しい友人たちが手きびしい打撃を受ける。ポリニャック公爵は馬の宿駅からの莫大な収入を失ったし、ヴォードルイユは鷹番頭の職を失い、コワニー公爵は主馬頭の職を失った。皆が侮辱された、という激しい反発を示し、マリー・アントワネットに、彼らの友情が完全に利害を超えたものではなかったことを悟らせたが、それは兄ヨーゼフ二世がヴェルサイユ訪問の際に、彼女に気付かせようとしたことだった…。だが、もっと悪いことには、王太子の健康状態が悪化していた。嘆かわしいことに、彼を診ていた医師たちは、モリエールの劇に出てくる医者と似たようなものだった。少年の発熱と異常に気づかなかったのだ。次の冬、一七八八年二月、王妃は兄にこう書き送っている。「（略）お兄様、上の子どもがわたしをたいへん心配させています。いつも体が弱くて繊細だとはいえ、こんな急変は予想外です。体つきがおかしくて、腰の片方がもう一方より上にありますし、背中の椎骨は少しずれて張り出しています。しばらく前から毎日熱があり、ひどく痩せて弱りました」。王太子は重い骨結核にかかっていたのだ。王太子は一七八八年の夏を、空気がきれいだとの定評があるムードンで過ごし、王妃のほうは健康な二人の子どもムスリーヌとシュー・ダムールとともにアモーの心地よさの中で、悲しく過ごした。

王妃のアモーとの悲しい永別

前の年の夏と同様、アモーの農場では祝宴も舞踏会も催されない。政治状況が深刻で、王は一七八八年八月八日、全国三部会を一七八九年五月一日に招集することを決める。その冬は凍てつくように寒く、情け容赦なかった。王太子は一七八九年四月にムードンに戻ったが、病状はますます重篤となり、一七八九年五月四日、行きたいと言ったが、三部会の壮麗な行列に参列することはできない。代わりに、姉と弟がポリニャック夫人につきそわれて、サン＝ルイ小教区通りのバルコニーの一つから行列を見学する。王と王妃はほぼ毎日ムードンを訪ね、息子がひどく苦しんでいるのを見て悲嘆にくれた。一七八九年六月四日、王太子は息を引き取る。八歳だった。一七九〇年になってから、マリー・アントワネットは兄の皇帝レオポルト二世に書いている。「わたしのかわいそうな大事な王太子の死を、国民は気づいてもいないようでした。あの日から、民衆は正気を失ったようで、わたしはいつも涙をこらえています」

王妃の夏は悲しいものとなる。アルトワ伯とその息子たちや宮廷の他の大貴族たちに先立って、ポリニャック一家が七月一五日から一六日にかけての夜、国外へ出発した。そのためマリー・アントワネットは、急いで子どもたちのために新しい養育係を任命しなければならなかった。彼女はトゥルゼル公爵夫人を選んで、言った。「マダム、子どもたちを今までは友情に託しておりましたが、これからは美徳にゆだねたいと思います」。子どもたちはトゥルゼル夫人になつき、夫人はタンプル塔まで王一家につきしたがうことになる。夫人が残した回想録は、この過酷な時期を王一家のすぐそばで過ごした貴重な証言である。

トゥルゼル夫人が任務についた後、ヴェルサイユは、打ちしずみ、空になった。マリー・

アントワネットは大切なトリアノン、愛しいアモーの喜びをもう一度味わう勇気がなかった。王妃の領分は、あれほどの中傷と噂の対象だった場所をぜひ見たいという民衆の好奇心の的となっていた。とはいえ、一七八九年一〇月五日、カンパン夫人が「パリの女たち」がヴェルサイユへ向かって行進していることを知らせるために探しに来たとき、彼女は大好きなトリアノンの庭にいた。王と王妃とその家族が一〇月六日、無残な状況の中、最終的にヴェルサイユを離れてテュイルリーへ行ったことを、人は知っている。彼らはヴェルサイユにもトリアノンにもアモーにも二度と戻らない。

＊

壊れやすいアモーは、革命による損害を多く受けることになる。メンテナンスがなく、土台を欠く家々は湿気にやられ、うちすてられていた。一八〇五年、ナポレオンが、妹のポーリーヌ・ボルゲーゼにわりあてたアモーにわずかながら手を入れた。アモーが、皇帝の二番目の妃で、マリー・アントワネットの甥の娘にあたる「マリー・アントワネットの兄レオポルト二世の子、フランツ二世の娘」マリー＝ルイーズにあたえられると、一八〇八年から一八一二年まで、ほんとうの改修工事の戦場となる。皇后はアモーを熱愛し「出会いの小さな家」と呼んだ。建築家ギヨーム・トレプサがアモーと何軒かの家屋の修復にたずさわる。納屋、酪農場、農家の半分など、その他の家屋は損傷が激しすぎるためとり壊された。

帝政時代以後、アモーは放置された。アモーに新たな修復事業がジョン・D・ロックフェラーの気前の良さのおかげで実現するには、一九一八年以降アメリカ人がヴェルサイユに関心をもつのを待たなければならなかった。彼が一九二三年から三二年の間にフランス政府に寄付してくれた二三〇〇万ドルのおかげでアモーは救われることになる。新しい修復事業は、一九五七年から五八年の間に建築家マルク・サルテの指揮下で計画され、少しずつ、酪農場、水車、マルボロックの塔が、メセナのおかげでその魅力のすべてを取り戻していった。王妃の家については、クリスチャン・ディオールの豊かな寄付のおかげで、その華麗さの中によみがえったところである。はっきりさせておかなければならないのは、マリー・アントワネットの家具は散逸、あるいは紛失してしまったため、この修復のために選ばれたのは「マリー・ルイーズ時代」のものである。というのも、トリアノンの学芸課がまだこの帝政時代の装飾や家具の材料や資料をもっていたからである。今日、マリー・アントワネットの小さなノルマンディーの村、池、見事な庭園は、あれほどまでに王妃とその客人たちの心をとらえた魅力的な光景を、ふたたび見せてくれている。

第6章　庭園のマリー・アントワネット

アレクサンドル・マラル

一七七〇年五月一九日土曜日の夜、王太子妃マリー・アントワネットの結婚祝いに華を添える夜会がヴェルサイユの庭園でおこなわれた。クロイ公爵の証言によれば「下の花壇は紙提灯で描き出され、ピラミッド仕立ての木が並んだ緑の絨毯《タピ・ヴェール》（王の散歩道）、運河の両岸の紙提灯で飾られた大きなイチイの木が最後のところまで遠近法をなしてだんだん弱くなりながら、ずっと続き、かなり遠くにある三つの大きなポルティコとかがり火の群のところで終っている。さらに運河には、中国風の天蓋付きのランタンを灯した小舟が行きかって、活気をあたえ、全体として、約一里にわたるイリュミネーションをなしている」。さらには「すべてのボスケに装飾が施され、紙提灯が飾られていた。素晴らしかったのは、運河の先端部の一続きのイリュミネーションで、巨大な凱旋門、燭台、シャンデリアが交錯し、運河は火のイチイで飾られ、水面はイリュミネーションのゴンドラにおおわれ、最高の効果を上げていた」。花火が打ち上げられ、緑の絨毯の中央で、「弾丸状や筒型の花火八〇〇〇発、二五発の大玉、（…）それに大量の爆竹、弾丸、数珠つなぎによる仕掛け花火が連発された」。ジャン＝ミシェル・モローの二枚のイラストが、おそらくヴェルサイユの歴史上もっとも盛大だった祝宴の記憶を伝えている。

統治の夜明け

この祝宴が、マリー・アントワネットのヴェルサイユの庭との初めての出会いだった。庭園は市《いち》の立つ広場と同様に、宮廷人の群れや、大衆に提供された数々のアトラクションを見て楽しもうと大勢詰めかけたパリの人々に開放されていた。もっとも、クロイ公爵の報告にあるように、マリー・アントワネットは宮殿の鏡の間《グランド・ギャラリー》の窓以外から見ることができなかった。「振り向くとギャラリーは閉ざされて、王も王一家もそこに長く立ち止まっておられないのを見てがっかりした。若い王太子妃は、少しの間、ギャラリーからご覧になって、庭園を見に行きたいとおっしゃったが、叶えられなかった。ご一家はみなそんなことには無頓着なようだった」。公爵は続ける。「立場上、美しいものに飽き飽きして生まれるのは、たいへんな不幸だ。それがまるで存在しないかのようだ」。王太子妃は、美しいものに飽き飽きするどころか、この夕べについて欲求不満を残したにちがいない。

一七七四年六月に王妃になってすぐに、マルリ宮殿に滞在したときは、庭園を実際に味わう機会をえることができた。カンパン夫人が報告しているように、「王妃は非常に無邪気な楽しみを考えておられました。夜が明けるのをご覧になったことがなかったのです。王のお許しをいただく以外、許可を得る必要のない王妃は、ご自分の希望を王にお伝えになりました。王は王妃がマルリ宮殿の庭園の丘へ朝の三時に登ることに同意なさいましたが、残念なことにご一緒する気はなく、お休みになりました。王妃はお考えを実行に移すのに、この夜の娯楽に不都合がないよう、大勢を一緒につれていきたいと思われ、女官たちにもついて来るよう命じました」

治世の初めから、マリー・アントワネットの庭園好きは、疑惑で損なわれていった。カンパン夫人は続ける。「どんな用心も、その時から王妃が皆に引き起こした愛着の気持ちを減じようとする悪口を封じることができませんでした。数日後、統治の最初の頃から現れた実に意地の悪い中傷文書がパリをかけめぐります。田園に暮らす若い女性ならだれでも味わいたいと思うような、これだけ罪のない楽しみをこの上なく暗い調子で描いてみせるのです。このとき出版された文は『夜明け』と題されていました」。その中傷文は、ヴェルサイユの庭園の夜明けを見ようと、何人かの友人たちとはしゃぎまわるネグリジェ姿のマリー・アントワネットを描いていた。場所をマルリでなくヴェルサイユとしているのは、おそらく王妃の気まぐれの大胆さをいっそう浮き彫りにするためだった。

ヴェルサイユの庭の利用法

ヴェルサイユの庭園は、ルイ一四世の時代から公開の場所でありながら、君主がいつも散歩する場所でもあった。礼儀の散歩として、宮廷生活におけるこの時間は、王がお供が許された臣下たちに好意を示す機会だった。一八世紀になると散歩は、戸外での運動と同様に健康のための活動でもあると考えられるようになった。

君主が散歩するときは、数人のボディーガードを伴うことになっていたが、彼らは武器は持たないとはいえ最低限の防備を確保し、彼らが従っている人物の身分をその制服で示した。一七八四年五月、ヴェルサイユを訪問したオーベルキルヒ男爵夫人は記している。「わたしは王妃陛下がアポロンのボスケにいらっしゃるのに気づいた。ポリニャック夫人、マダム・ロワイヤルと制服を着た従者を一人だけを連れて散歩しておられた」。同様に、王妃はトリアノンへ従者だけを伴って徒歩で行くのが習慣だった。マリー・アントワネットは、このしきたりの緩和が自分のイメージを害することを十分承知だったに違いない。一七七八年五月、未来のマダム・ロワイヤルがお腹にいたとき、マルリ宮にいた彼女は母親に書いた。「一〇日前からマルリにいます。素敵なところで、よく散歩しています、とくに朝。とても気分が良くなり、それほど疲れることもありません」。護衛のことははっきり書かないよう、しっかり用心している。

ヴェルサイユではなおさら、この一七七八年の夏の間マリー・アントワネットは庭園のなかに、比較的涼しい場所を見つけた。カンパン夫人が伝えるところによると、「王妃は妊娠のため気分がすぐれなくて、日中はずっと、まったくしめ切ったアパルトマンで過ごされ、アパルトマンの下のテラスを王家の女性の皆様や王弟方とご一緒に散歩なさって夜の涼しい空気を吸うまでは、お眠りになることができませんでした」

さらにこの王妃付き女官によると、南花壇のテラスの散歩は「最初なんの感慨もなかったのですが、この美しい夏の夜の間、管楽器の音楽を楽しもうということになりました。礼拝堂の音楽家たちが、花壇の中央に設置された階段席でこうした曲を演奏するよう命じられたのです。王妃様はテラスのベンチの一つに腰掛けて、ご一家全員とともに——王様は別で、お休みの時間を狂わせたくないと、二回しかお見えになりません——この音楽を楽しまれました」

ここでもまた、「こうした散歩ほど罪のないものはないのですが、まもなくパリ、フランスそしてヨーロッパ全般にも、このような行動にかんして、マリー・アントワネット様の性格に対する侮辱的な態度が蔓延しました。ほんとうはヴェルサイユの住民も誰もがこのセレナードを楽しみたくて、ほどなく夜の一一時から二時、三時まで、人だかりができるようになります。ムッシューとマダム［プロヴァンス伯夫妻］の部屋のある一階の窓は開けられ、テラスは、この二つのアパルトマンに灯された何本ものロウソクですっかり明るくなりました。花壇に置かれた照明用の鉢《テリーヌ》と音楽家たちの階段席の照明が人々のいる残りの場所を照らしたものです」

カンパン夫人は、王妃が身分の低い私人がすぐそば、時には自分と同じベンチにいるのを非常に面白がっていた、と明言する。こうした親しみやすさのいきすぎも、一カ月後に、同じく野次馬の出入りを避けるため、円柱《コロネード》のボスケで内輪のコンサートを催すことにしたのと同じくらい、彼女のイメージを害した。このボスケの入り口を見張る番兵の存在や王妃のとりまきだけ――ポリニャック，コワニー、ブザンヴァル、ヴォードルイユ――がこのコンサートに参加すること、ふだんは南花壇でおこなわれていた音楽のひと時をやめてしまうことは、宮廷人にも野次馬として来ていたヴェルサイユの市民にも、不満の感情を引き起こす。少なくとも一七七九年の夏の間まではおこなわれていた南花壇のコンサートは、その後催されなくなった。リーニュ大公が語っている。「多くの理由はあるが、結局悪意によってこの娯楽はやめさせられた」

王妃は雪のヴェルサイユの庭園を橇で乗りまわすこともあった。「馬の装具につけたベルや鈴の音、優雅な白い羽飾り、橇のさまざまな形、そこに塗られた金色が、この遊びを目に快いものにしていました。冬が味方して、雪は六週間近く地面に残っていました。こうした庭園の中をめぐる散策は、見物の人々も楽しませました」（カンパン夫人）。

限られた範囲の庭だけでなく庭園全体が、いつもの徒歩や乗馬での散策の場所となっていた。王妃が大運河も散策の場所としていたことは、一七七七年建造の豪華なボートの存在が証明する通りで、その断片はパリ海洋博物館に保存されている。大運河が凍るとスケートに最適だった。一七八三年、バショモンの『秘密の回想録』は、王妃が大運河やスイス人の池で釣りをしたことに言及している。しかし、これはこの場所のふつうの利用者には禁じられていた。

植え替えのおかげで

一七七四年一二月から一七七六年一二月までの間に、百ヘクタール近いヴェルサイユの庭園の木が伐採された。ルイ一六世は、ルイ一四世の時代にすでに成長した状態で植えられた木々の老朽化によって、必要となった大伐採を先延ばしにはしなかった。一七七五年、王政府は風景と廃墟のスペシャリストである画家ユベール・ロベールに、ヴェルサイユ庭園の伐採の様子を二枚の絵画にするよう、依頼した。これらの絵は一七七七年のサロンで発表された。そのうち一枚のほうに、ロベールは王妃を描いたが、王妃は二人の子どもに気をとられている。彼女の後ろで、そこを散歩している人がこれ見よがしに背を向けて、庭園内の傑作の一つピエール・ピュゲのクロトナのミロ［古代ギリシアの競技者］の群像を見ている。この芸術愛好家はきっと『夜明け』を読んだのだろう。

庭園の植え替えは次にとるべき選択についての議論の機会となった。ルイ一四世から引き継がれた形態は、つまらなくて、寂しいと考えたペール・マルク＝アントワーヌ・ロジェのような理論家からだけでなく、一七七〇年の祝宴に出席して、クロイ公爵に次のような感想をもらしたイギリス大使のような外国人訪問者からも批判を受けていた。「ゴタゴタした泉水や噴水やボスケを全部やめて、きれいな草原の斜面にすれば、もっと美しいだろうに」

王政府側では、王の建設局長官ダンジヴィエ伯爵が、そのほうが継続に費用がかからないうえに、ル・ノートルの設計は王の庭園にふさわしいもので、これからもより多くの訪問者を迎えることになるだろう、という理由でルイ一四世から引き継いだ形態を保存すべきであることを納得させるにいたった。ジャン＝マリー・モレルが一七七六年出版の著書『庭園の理論』に書いている。「人工の美は人間の力を表すが、それは自然の美のなしえないことであり、決して自然に制限されない」。

植え替えは一七七五年から一七八四年にかけて行われた。時代の趣味への唯一の譲歩は、花壇と散歩道を区切るクマシデの生垣を作らないで、新古典主義建築の円柱の列のように、一列に木を植えることだった。王妃がこの議論と手直しに参加したかどうかを知ることはできないが、立ち会ったことは確実だろう。

ただし、五つのボスケは完全に再定義された。王太子のボスケとジランドールのボスケは、空気の循環に都合の良い、中央に明るくて広い広場があるカンコンス〔正方形の四隅と中央の五点形の配植〕におきかえられた。同様に、水の劇場のボスケはロン＝ヴェールのボスケにおきかえられた。あと二つのボスケはヴェルサイユに導入された初めての風景式庭園で、ラビリンスのボスケの代わりにできた王妃のボスケと、アポロンの泉水のボスケである。

王妃のボスケ

王妃のボスケの呼称は、少なくとも一七七八年以後は確認されている。庭園の南の部分の、オランジュリのすぐそばにある、この新しいボスケは、「王妃の庭」、あるいはヴィーナスの像を置くことになっていたため――一九世紀にやっと実現したのだが――「ヴィーナスのボスケ」ともよばれた。一七七五年、ダンジヴィエ伯爵が書いている。「王妃は、大勢であることも多いほかの散歩者に、うるさくわずらわされることなく楽しめる、隠れ家のようなものあるいは楽しみのための庭を、欲しいだけでなくほんとうに必要としていらっしゃるように見える。こうした目的にためにラビリンスの用地を割りあてることができる」。ラビリンス［迷路］はすでに柵で囲まれていて、維持に金がかかったし、かなり時代遅れとなっていた。

一七七五年になるとすぐに、王付き建築監督官である建築家ミシェル・アゾンが、岩を配したイギリス風の大構成を提案した。一七七八年に設計の最終案が作成され、すぐに工事が始まって、新しいボスケの柵の設置により、一七八一年五月に完成した。王室苗床監督ピエール＝シャルル・ノランと造園家アンドレ・トゥアンの協力のおかげで、王妃のボスケには異国風の要素が取り入れられ、ヴァージニアのユリノキ、アメリカのモミジバフウ、レバノンの杉、コルシカの松、イタリアのポプラが、トゥアンがダンジヴィエ伯爵に書いているように、「木や花の形、花の色、開花の時期、葉の緑の色調の違いで美しい多様性を見せた」。四隅にそれぞれ入口が作られた。それらは正方形の中心の空間に続く、対角線状の四本の道に通じている。中央のユリノキの間は、円形の四つの部屋に囲まれ、それら同士が木におおわれた道路網でつながっている。「以前の迷路の現代的転用」(ピエール＝アンドレ・ラブロード)だった。

一七八五年五月、マリー・アントワネットは、上の二人の子マダム・ロワイヤルと王太子ルイ＝ジョゼフの散歩に役立てるため、このボスケの中央の広場にテントを張らせた。彼女はおりにふれて、このボスケの道に頻繁に水を撒くよう言った。定期的にここを訪れる証拠だった。

まだ一年にもならない一七八四年八月一一日の夜、この場所が首飾り事件の背景となった。ロアン枢機卿が王妃その人に会っているのだと信じ込んだのは、この樹木におおわれた小道においてだった。王妃に扮していたのは、ラ・モット・ド・ヴァロワ夫人に雇われた卑しい身分のニコル・ルゲで、問題の宝石購入に必要な前払いを枢機卿に決心させるためだった。ゴールと言われた、ゆったりした白い木綿のドレス姿の王妃に会っていると信じると、枢機卿は言った「わたしに対していだいていらした偏見から回復された印としての御好意をうれしく存じます」。卑しい娘は彼に一本のバラをわたし「これがどんな意味かお分かりですね」とだけ言ったところで、「場面を切り上げようとしたラ・モットの」プロヴァンス伯妃とアルトワ伯到着の知らせにさえぎられた。

一年後、尋問の際、ロアン枢機卿は、この会見がだれでも近づける宮殿のテラスでおこなわれたと証言した。ヴィーナスのボスケに言及したのは、ラ・モット・ド・ヴァロワ夫人の共犯者で、マリー・アントワネットの偽の手紙の作者であるレトー・ド・ヴィレットだったが、そのことはボスケの柵の鍵を手に入れることができたことを推測させる。いずれにせよ、王妃がヴェルサイユの庭園での夜の会見に同意したと信じられたという単純な事実が、枢機卿の愚かさより、おめでたくて裕福な恋する男をもてあそぶために、庭園の空間を利用できた可能性のある王妃のイメージのほうをよく物語っている。

アポロンの泉水のボスケ

新しいアポロンの泉水のボスケは、ヴェルサイユの庭園の歴史において、この名前を持つ三番目のもので、「王太子の庭」と「アポロンの泉水のボスケ」という二つのボスケに代わって設置された。どちらも庭園の北の部分の北の花壇のそばに位置していた。一七七五年一一月初め、アザンによる最初のプランが王の建設局長官ダンジヴィエ伯爵によって、王の主席建築家のリシャール・ミックに伝えられた。アザンのプロジェクトにかんして、ダンジヴィエ伯爵は「アポロンの泉水にもっと人目を引く、絵画的な、これだけの素晴らしい芸術作品が要求するようなシチュエーションや外観をあたえたい」と希望した「ルイ十四世時代に造られその後解体されたテテュスの洞窟にあった、ジラルドンらによるアポロンの群像を、新しい趣向で生かそうというもの」。多分、マリー・アントワネットはお気に入りのミックが直接この仕事をまかされることを望んだだろう。一七七六年八月に最初の提案を作成した後――まだずいぶん控えめなもの、というのもアポロンの泉水の彫像群のためにもともとの台座を取ってあった――ミックは絵画的というアイディアの要求を満たすことができるように、一七七七年六月には画家ユベール・ロベールに助けを求めなければならなかった。ロベールはかつてショワズール公爵の庇護を受けていて、ル・ノートルの死後だれにもあたえられることのなかった、王室庭園設計士のタイトルも一七七八年一一月に獲得している。

画家であることを建築家と造園家に優先させて、ロベールはプロジェクトをさらにより奇抜なものに進展させた。一七七八年一二月には王の承認を得て、彫刻家イヴ＝エロワ・ブッシェの手によって最終的なプロジェクトの説明用の模型が作成された。請負業者ジャック＝ジャン・テヴナンの指揮のもと、新しいアポロンの泉水のボスケの工事が一七七八年から一七八〇年にかけて行われる。ニューヨークのメトロポリタン美術館所蔵の、ルイ＝ニコラ・ド・レピナスの素描が、植え替えが終わったばかりの一七七九年における宮殿の庭園全景を見せてくれる。建設中のアポロンの泉水の新しいボスケの岩の隣に、まだ残っている、旧ボスケの天蓋を見ることができる。

以前あったテティスの洞窟《グロット》のアイデアを取り入れて、新しいボスケの人工の岩に洞窟のような窪みをしつらえた。ルネサンスの想像に由来し、洗練された地下世界を出現させようとした前者と違って、荒削りの造りをあたえられたユベールの洞窟は原始の世界の光景を見せ、大地のはらわたの開口部のようであり、そこから山の湧水のようにして、水が流れ出ている。前ロマン主義の影響を受けたこの風景設計が、ルイ一四世の遺産である古典主義の傑作彫刻を、粗野で野生的な背景の中に生かしている。

庭園芸術のスペシャリストであったリーニュ大公は、おそらくヴェルサイユの庭園のもっとも驚くべき創作物であるこの新しいボスケについて、きびしい判断を残している。「人々がアポロンの水浴の岩壁を見逃してくれると良いのだが。これがフォンテーヌブローか、あるいは宮殿から離れたところにあるのなら素晴らしいと思えるだろう。この絵のような光景に誘惑されてしまわないように気をつけないといけない。たしかに素晴らしい庭の一つといえるかもしれない。しかし大理石でできた実に美しい馬と見事な彫像が、大きな石の塊の間に置かれているので、まるで大理石を真似た素焼きでできているように見える」。リーニュ大公をよく知っていた王妃も同じ意見だとは述べられていない。というのも、宮殿の近くにあるアポロンの水浴のボスケは、散策にうってつけだったし、みなそれに気づいた。マリー・アントワネットはえりすぐりの取り巻きと一緒に容易にそこへ行くことができただろう。この自然を切り取ったような場所は、風景式庭園というものの表現豊かな縮図を提供している。

マリー・アントワネットとイギリス＝中国式（アングロ＝シノワ）庭園の流行

絵のようなこのタイプの庭園への好みは、十七世紀末のイギリスに端を発する。マリー・アントワネットの時代、すでにすっかり庭園の歴史の中に根づいた伝統の一つと言え、そこにはフランスもふくまれた。マリー・アントワネットはおそらくフランス語にも訳されていたウィリアム・チェンバーズ（『Designs of Chinese Buildings, Furniture, Dresses, Machines and Ustensils 中国の建物、家具、衣服、機械、道具のデザイン』一七五七年、『A Dissertation on Oriental Gardening 東洋庭園論』一七七二年）やトーマス・ワトリー（「『Observations on Modern Gardening 現代庭園批評』一七七〇年）の著作を、読んではいなかっただろうが、多分少なくとも一七七四年に出版され、彼女の図書室にもあったクロード＝アンリ・ワトレの『Essai sur les jardins 庭にかんする随筆』には目を通していただろう。また一七五四年からワトレによって整備された、パリ北西郊外コロンブにある風景式庭園ムーラン・ジョリや、一七七三年からシャルトル公爵のためにルイ・カロジス別名カルモンテルによって整備されていたモンソー庭園を訪れる機会があったうえに、ル・ランシーのシャルトル公爵の（トーマス・ブレイキーによって一七六九年から）、シャンティイのコンデ公の（ジャン＝フランソワ・ルロワによって一七七二年から）、モントルイユのゲメネの（アレクサンドル・ド・ラ・ブリエールによって一七七二年から）庭園などのお手本から刺激を受けていたに違いない。

流行というだけでなく、イギリス＝中国式といわれるこれらの庭園は、徐々に批判されるようになっていた形の整ったフランス式の庭園を変えたいという要求にこたえるものだった。イエズス会の宣教師ジャン＝ドゥニ・アティレは一七四九年に、北京の円明園離宮の「自然が成し遂げたことのように見えるまでに技巧を凝らした」庭園について熱のこもった記述を公にした。その後、建築史、建築理論家のロジエ神父に引き継がれた「非対称」への賛辞は、より洗練されながらも自然の純粋さを守ることができる文明に対する感嘆の念でもあった。

人間の過去の状態へのこの懐古趣味は、ルソーの著作にも現れていて――とくに一七六一年に出版された『新エロイーズ』に――彼にとって自然で田園的なひなびた景色のありさまは、原始的人間の純粋さを想起させ、美徳をよびかけるものである。兄のヨーゼフ二世に三年遅れて、一七八〇年六月にマリー・アントワネットはエルムノンヴィルを訪れたが、そこはジラルダン侯爵のために一七六六年からはトーマス・ブレイキー、ジャン＝マリー・モレルが、一七七八年にはユベール・ロベールが整備した広大な領地である。そこで近代哲学の寺院、ルソーが庵を結んだ小屋を見て感動し、墓前——ロベールの構想により［湖の小島にある］一六本のポプラに囲まれた円柱形《ロトンド》の墓——で瞑想した。フランス宮廷の慣習や態度から距離を置くことに腐心していた王妃だけに、当時のエリート層をつらぬいていたルソー主義の波に感化されずにはいなかった。

作り物とはいえ、しかもしつらえられた庭園の範囲であっても、自然の賛美は重農主義《フィジオクラシー》［自然の法則を尊重し、農業に重きをおく経済学］的切望にこたえるもので、当時の大臣テュルゴーがもっとも公式の代表者だった。イギリス＝中国式庭園を好むことで、王妃は同世代の人々によって広く共有されていた興味と関心の流れに組み込まれた。

二　アルパンの土地

一七七四年五月に、夫からのプレゼントとしてプティ・トリアノンを受け取るとすぐに、マリー・アントワネットはそこに、イギリス＝中国式あるいは古い図面に書かれているように「田舎風の」庭園を作りたいと考えた。一七七四年六月に作られた造園家アントワーヌ・リシャールによる最初のプランは、ルイ一五世の大温室を生かすというメリットがあったが、複雑なデザインで数多くの建物を含んでいた。王妃はそれに満足しなかった。

そこで王妃は、ボーヴォー大公妃に紹介されたヴィクトール・モーリス・カラマン伯爵に助けを求めた。彼はパリのサン＝ドミニック通りにある自分自身の館の庭園――王妃は一七七四年七月二二日にそこを訪ねている――とロワッシーの邸宅の庭園の製作者だった。一七七四年七月一〇日付けで、プランが実行を担うミック、ロベール、リシャールに伝えられた。建築家ピエール・フランソワ・レオナール・フォンテーヌが回想録に書き留めているように「ロベール氏は庭園の絵になる美しさが人気の人物で、トリアノンの造園をミック氏に命じていた王妃は、この敏腕の画家に、藁葺きの家や岩やその他建築家があまり重きを置かない建造物の形や配置について、一度ならず助言を求められた」

予算がないため、工事は城館の北東のファサードの前の芝生の整備からゆっくりと始まり、南西側のフランス式庭園は残されることになっていた。一七七五年八月、一〇万リーヴルが「王妃の庭園工事」のために特別に当てられた。花々をパリ植物園へ移して、大温室を解体した後、一七七六年には自然の池の形をした泉水やまがりくねった川が掘られた。

モンソー庭園をまねて、最初の建造物は中国趣味のジュー・ド・バーグ場［吊り下げた環を走る馬の上から槍で突く競技だが、ここで馬は回転木馬］で、一七七六年～一七七七年に、宮殿の西側に造られた。召使いが地下から操作するこのメリーゴーラウンドには、三人の中国人、四匹の竜、四羽の孔雀がオーギュスタン・バシャルディによって彫刻され、彩色と金がほどこされた。一七八一年、ジュー・ド・バーグは同じく中国風の半円形のギャラリー席でとりまかれ、それをジョゼフ・デシャンが一六匹の竜、鉛のキャップをつけた百個近い鈴型の彫刻で飾った。

一七七六年にミックを利する形でカラマンをしめ出すと、王妃だけでなくダンジヴィエ伯爵の後ろ盾もあって、工事が大規模なものになることが可能になり、一七七七年二月にミックがすでにできていたものをすべてまとめた新しいプランを作成したのち、トリアノンの庭園の工事に二五万二〇〇〇リーヴルが割りあてられた。

館の北東にある人工の島には、ミックの発案で愛の寺院が置かれることになり、一七七八年七月に完成した。七段の階段の上にあるコリント式の一二本の柱に囲まれたギリシャ・ローマ風の円型神殿は、ティヴォリのウェスタ神殿、パラティーノの丘近くのローマの神殿といった古代のモデルだけでなく、ロンドンのキュー・ガーデンにチェンバーズがプリンセス・オヴ・ウェールズのために建てたアイオロス［ギリシアの風の神］の神殿からも着想を得ている。デシャンによって豊かに装飾されたこの優美な神殿は、ルイ＝フィリップ・ムシーによるエドム・ブシャルドン作の彫刻「ヘラクレスの棍棒から弓を刻み出している愛の神アモール」の複製を迎え入れた。

館の北西には、池から張り出す形でミックが岩と岩《ロッシェ》のあずまや《サロン［またはパヴィオン］・デュ・ロッシェ》ことベルヴェデーレを建設した。一七七八年から一七八一年の間のことだ。この二つの建造物は別の宇宙に属している。同時代のアポロンの水浴のボスケの影響を受けているロッシェが、滝によってもっとも原始的状態の自然を象徴しているのに対し、ベルヴェデーレはフランス芸術の傑作の縮図である。八方に開いた［四カ所の窓と四枚のガラス扉］八角形の形は、キュー・

ガーデンズのチェンバーズによる孤独の寺院《テンプル・オブ・ソリチュード》やリュネヴィルのあずまや《キオスク》を思わせる。セバスティアン・フランソワ・ル・リッシュが描いた飾り武器《トロフェー》のアラベスク模様、ジャン＝ジャック・ラグルネの天井、デシャンによる彫刻されたレリーフとスフィンクス、アネット城の礼拝堂から着想を得た豪奢な大理石の床で豊かに装飾され、フランソワ・フォリオがジャック・ゴンドワンの下絵にもとづいて制作した八脚の肘掛け椅子と八脚の椅子が置かれた。

ベルヴェデーレの近くに、カタツムリの山と洞窟《グロット》も同時に築かれた。当時宮廷の近習だったエゼック伯爵によると「グロットは非常に暗いので、最初は目がなれずに、中にあるものを見分けるのに時間がかかった。一面に苔むしていて、そこを流れている一筋の小川のせいでひんやりしていた。やはり苔におおわれたベッドが休憩をうながす（…）。ベッドの頭部のほうに裂け目があって、草地が見え、この神秘的な片隅に近づこうとする人を遠くから発見することができた」。床にエスパルトのマット［むしろ］を敷いたこの建造物は、最初三カ所の出口があっただけに、意地の悪い解釈をまねいた。

マリー・アントワネットにとってこの洞窟《グロット》は、彼女が理解できず、彼女を理解しない外の世界からの避難所となっていたのだろう。「若い女性がそこへ行くか行かないかではなく、問題はグロットが閉鎖的だということだ。原則として公衆が近づけない領域の真ん中だが、時々はわずかでも開くことが必要だった。（…）そこは閉ざされた場所を形成していて、だれも近づけない、守られたプライバシーと保護されたアイデンティティーの象徴だった」（シモーヌ・ベルティエール［一九二六〜。伝記作家］）。一七八九年一〇月五日、王妃がパリの女たちの行進を知らされたのはグロットの中だった、とカンパン夫人が言及しているのも意外ではない。だが実はこのエピソードは疑わしい。王妃は一〇月五日の朝トリアノンへ行ったが、義妹マダム・エリザベートの知らせを受けてヴェルサイユへ戻っている。しかし一九世紀初頭にこの回想録が出版されたときは、まさに人々がこのグロットについてまだいだいていたイメージを物語るものだった。

一七八〇年四月、クロイ公爵が新しい庭園をゆっくりと訪ねたことがある。「リシャールとその息子が連れていってくれた。ヨーロッパでもっとも学術的で貴重な大温室の代わりに、かなり高さのある山や大きな岩や川があるのを発見して、頭がおかしくなったか夢を見ているのではないかと思った。二アルパンの土地がこれだけ形を変え、これだけの金額をつぎこまれたことはかつてない」

クロイは称賛の調子で結んでいる。「だが、素晴らしいことには、リシャール氏は自分の好みと才能にまかせて、そこにさまざまな珍しい大木を植えている」。中国のピンクアカシア、アラビアのモミ、アメリカのオークやクルミ、亜高山性のカラマツやモミ、王妃のボスケを思わせるこのような多様な木々が、トリアノンの庭園の絵画的な性格を強めていた。この庭園の、季節に従って変化する多様な色彩が、絵画の色素の役割をし、建造物はその要をなしていた。

トリアノンの羊飼い

カンパン夫人によれば、王妃は自分の庭園を田舎風の衣装で、友人や家族と散歩するのが好きだった。「白いパーケール［目の詰んだ木綿］のドレス、ガーゼのフィシュ［三角形の肩掛け］に麦わら帽子が、皆様のお召し物でした」。ヴィジェ＝ルブラン夫人による一七八三年にサロンに発表された有名なバラを持つ肖像では、ゴール・ドレスを着ている。

［スウェーデンの］画家アドルフ・ウルリク・ヴェルトミューラーも、子どもたちを連れて愛の神殿の前を散歩中の王妃を描いている。その絵は一七八五年にサロンに展示された後、スウェーデンのグスタフ三世に贈られた。

トリアノンの庭園で最初の祝宴が催されたのは、一七七六年の夏である。一七七七年の四月と五月には、皇帝ヨーゼフ二世が、散策、次いでオランジュリの建物内でのスペクタクルのために迎えられた。一七七七年九月には、庭園の落成を祝う大きな祝宴が、市場というテーマで企画され、そのさまざまな物売り台を宮廷の貴婦人たちが担当した。マリー・アントワネット自身はレモネード売りになった。

一七八一年の夏の間に、記憶に残る盛大な祝宴が二回催された。最初は七月のプロヴァンス伯のためのもの、二度目は八月のヨーゼフ二世の二度目の来訪の機会におこなわれたもので、皇帝はグルックの「トーリードのイフィジェニー」の新しい王妃の劇場での上演も鑑賞した。その度ごとに、庭園は一七七七年よりさらに華々しく照らし出された。クロード＝ルイ・シャトレの絵が、七月の祝宴におけるベルヴェデーレとロッシェのイリュミネーションの思い出を今にとどめている。カンパン夫人は八月の祝宴のイリュミネーションについて書いている。「イギリス庭園を明かりで飾るのではなく照らすという、巧みな技術のおかげで、魅力的な効果が生まれました。緑色に塗った板で隠した［照明を入れた］素焼きの鉢《テリーヌ》が、低木や花々の植え込みを照らし出し、さまざまな色調をもっと変化に富んで美しく見せるやり方できわだたせるのです。愛の神殿の後ろでは、数百の柴の束が明々と燃えて、そこを庭園でもっとも輝かしい場所にしていました」。上述した一七七〇年の祝宴の照明効果とは正反対に、光は庭園そのものから、いわば植物と共生する形で発せられたのだ。

同様の祝宴が一七八二年六月にも、ロシア皇太子夫妻のために、グレトリの「ゼミールとアゾール」の上演を伴って、そして翌年にはイギリス大使のために催された。最後の大祝宴は一七八四年六月二一日の夜のものだった。その祝宴の主賓であったグスタフ三世自身によれば「皆白い衣装でなければならないとの通知があったが、これはまさに極楽浄土《エリュシオンの園》の光景だった」。そのため、素焼きの鉢や（溝や透かし彫りの後ろに置いた）柴の束、紙提灯から広がる光と、建造物の建築上のラインをきわだたせるためのひも状の照明に、招待客もある意味この夢幻的な光景に組み入れられることになった。王家のメンバーとランバル公妃以外は、どんな身分の高い貴婦人もこの祝宴には入場できなかったので、ねたみを大いにかきたてた。

ヴェルサイユにある村

一七八三年から、マリー・アントワネットはアモーを建築・整備させた。イギリス＝中国式庭園の最後の建造物とみなすこともできるだろうが、実際は、一七八四年五月に設置された柵杭によって庭園からは切り離されている。したがってこれは、新たに作られた人工湖の周囲に分散する一一個の絵画的だが均一のスタイルの建造物をふくむ、二番目のイギリス式庭園といえる。このフランスの一地方土着の建築は、トリアノンの庭園のロッシェと同様、素朴で汚れない風俗――ここでは文明の有害な影響を逃れた田園世界――を想起させただろう。

そこでもまた、シャンティイのアモー（一七七四年～五年）とプロヴァンス伯妃のためのモントルイユのアモー（ジャン＝フランソワ・シャルグランによる、一七八一年～三年）

がモデルを提供したことが考えられる。一方でミックは、王妃のアモーと同時に、ベルヴューでルイ一五世の娘たちのためにもアモーを建設していた（一七八三年〜五年）。王妃が画家ルイ＝バルテルミ・フレレによって練られたモデルを一七八三年四月に承認したのち、池が一七八四年夏の間に掘られ、建物は一七八四年〜五年に建設された。

一七八五年、ルイ一六世はランブイエに、ジャック＝ジャン・テヴナンとユベール・ロベールによって、マリー・アントワネットのためのもう一つの酪農所を建設させた。そうすれば、あまり好んでいない領地——ランブイエには一七七九年からイギリス式庭園があったのだが——に彼女をひきつけられるのではと期待してのことだった。実際、王妃はそこに、一七八七年六月に一度行っただけなので、農場で採れたものをほとんど粗野と言えるほどの素朴なままに味わえる、トリアノンのアモーの酪農場よりずっと豪華なこの酪農所に魅惑されていたようにはみえない。

「柵を設けずに」溝を掘っただけにしたおかげで、アモーの作り物の田舎は、それを取り巻く本物の田舎と視覚的につながっていた。カンパン夫人によると、「王妃様はアモーの建造物を巡り、乳搾りや湖での釣りを見る楽しみに、すっかり魅了されておられた」

アモーの外形の最後の整備は一七八八年、とくに王妃の上の二人の子どもが使うための球技場だった。というのも、アモーにはまた、王の子どもたちに王国の豊かさと経済の基礎である、農民の世界の重要性を見せられるという教育上の目的があった。

マリー・アントワネットは、池の対岸に最後の建物を建てるというミックのプラン――アモーを恵まれた場所から眺めることができる廃墟のように仕立てた一種の見晴台――を実行させなかった。その代わり、この集合体の絵画的価値を十分に意識していた王妃は、一七八六年にシャトレによってグワッシュで描かれたプティ・トリアノンの風景の撰集に入れさせ、兄のフェルディナント大公に贈った。それは今日、モデナのエステンセ図書館に保存されている。

軽い留保があるとはいえ、アーサー・ヤングの一七八七年一〇月の評価は、マリー・アントワネットによっておこなわれたしつらえの類いまれな性格を証言している。「トリアノンへ王妃のイギリス式庭園を見にいった。リシャール氏の書状を持っていたので（…）中へ入ることができた。庭園は一〇〇エーカーあって、中国式庭園の趣向で整えられている(…)。自然より人による尽力、センスの良さより豪華さを感じさせる。人間の技術が一つの庭園に導入することが可能な、考えられるすべてものがここにある(…)。じつに美しく、よくできた部分がある。唯一の欠点は、詰め込みすぎていることである。もう一つの欠点は、芝生があまりに多くの砂の道で区切られていることで、これはわたしがフランスで見た庭園のすべてに共通する過ちである。しかし、プティ・トリアノン(ママ)の功績は異国の木々と低木だ。世界中がこの庭を飾るために略奪された。ここには無知な人の視線を魅惑し、知識の記憶を鍛えるのに十分な美しくてめずらしいものがある。建物の中では、愛の神殿がじつに優美だ」

一七八九年、好奇心に動かされて、それだけでなくかなりの反感もあって、トリアノンの王妃の庭園を見たがった三部会議員は多かった。一七八九年五月にアメリカの外交官ガヴァヌーア・モリスはこう書いている。「王権はここで、自分自身の目から隠れようとして大金を費やしたが、成功しなかった」。事実、シモーヌ・ベルティエールが指摘したように、庭園を手段として、農婦ごっこをするまでに簡素な暮らし方を自分のものとしようとして、王妃としての義務に反する結果となった。「自分の立場の義務を逃れようとするこのやり方は、自分の境遇から自由になれない人々に不快感をあたえるものだった」。その上、高価な磁器と藁葺き屋根、素朴な生活と三つの出口があるグロット、さらにはジュー・ド・バーグなどの遊びと地下に配置させられた召使いは、世論の激しい非難をよびおこさずにはいなかった。「巨額をつぎこんだアモーの、貧しい外観はほんとうに貧しい人々への侮辱である」（シモーヌ・ベルティエール）。

裁判において、王妃はトリアノンで蕩尽された金額をとがめられた。ミックもギロチンにかけられた。「それらすべてから幻想の魅力が残る、その幻想が高潔であるとき」（ミッシェル・バリドン〔造園家、詩人一九二六～二〇〇九〕）。マリー・アントワネットにとって幻想とはまさしく、彼女のいくつかの庭園のなかに、宮廷の世界と自分の不人気からの、有効な避難場所を見つけることだったが、あらゆる種類の不幸が結局それを打ちのめした。

◆編者略歴◆
ジャン＝クリスティアン・プティフィス（Jean-Christian Petitfils）
アンシャン・レジームにかんする権威ある研究で知られ、とくに『ルイ16世』、また監修も担当した共著『フランス史の謎』『世界史の謎』は広く読者をえた。新たにすぐれた歴史家とヴェルサイユの学芸員を集めた本書でも、正確な情報とたくみな叙述が一体となっている。

◆訳者略歴◆
土居佳代子（どい・かよこ）
翻訳家。青山学院大学文学部卒。訳書に、レリス『ぼくは君たちを憎まないことにした』（ポプラ社）、ミニエ『氷結』（ハーパーコリンズ・ジャパン）、ギデール『地政学から読むイスラム・テロ』、ヴァレスキエル『マリー・アントワネットの最期の日々』、アタネほか『地図とデータで見る女性の世界ハンドブック』、レヴィ編『地図で見るフランスハンドブック——現代編』、ソルノン『ヴェルサイユ宮殿——39の伝説とその真実』、トゥラ＝ブレイス『イラストで見る世界の食材文化誌百科』（以上、原書房）などがある。

12の場所《ばしょ》からたどる
マリー・アントワネット
上

●

2020年12月5日　第1刷

編者………ジャン=クリスティアン・プティフィス
訳者………土居佳代子《どいかよこ》
装幀………川島進デザイン室
本文組版・印刷………株式会社ディグ
カバー印刷………株式会社明光社
製本………小泉製本株式会社
発行者………成瀬雅人

発行所………株式会社原書房
〒160-0022　東京都新宿区新宿1-25-13
電話・代表 03(3354)0685
http://www.harashobo.co.jp
振替・00150-6-151594
ISBN978-4-562-05861-7